Ernst Pasqué

Goldengel von Köln

Ernst Pasqué

Goldengel von Köln

ISBN/EAN: 9783743346888

Hergestellt in Europa, USA, Kanada, Australien, Japan

Cover: Foto ©ninafisch / pixelio.de

Manufactured and distributed by brebook publishing software (www.brebook.com)

Ernst Pasqué

Goldengel von Köln

Goldengel von Köln.

Eine Erzählung

aus

französischer Zeit, mit einem Prolog: Anno 1784,

von

Ernst Pasqué.

Zweiter Band.

Das Recht der Uebersetzung ist vorbehalten.

Berlin, 1867.
Druck und Verlag von Otto Janke.

Fünftes Capitel.

Zwei Gauner — der kölnischen Kirmes Ende.

Der durchbringende mahnende Blick des ehemaligen Criminalbeamten hatte die beiden Gauner, nachdem sie die eigenthümliche Mittheilung des Nachtwächters Krakopp vernommen, von ihrem Platze verscheucht und auf's Gerabewohl durchstreiften sie lachend und plaudernd den weitläufigen Garten, die bunte zahlreiche Menge, stets nach allen Seiten die Blicke werfend und spähend, ob sich nicht irgend eine Gelegenheit darbiete zu sicherer und lohnender Ausübung ihres Gewerbes. Durch den genossenen guten Wein ziemlich aufgeregt, fühlten sie sich zu den kecksten Streichen gestimmt, und vollführt mußte etwas werden — und sollte es auch an Hals und Kragen gehen.

„Hast Du gehört, Matheis, was der Rothnasige erzählte von dem Schatz in der Sternengasse?" So flüsterte der Schwarzkopf mit dem starken Backenbarte seinem kleineren Kameraden zu.

„Gehört und gemerkt habe ich es mir, Schimon. Wir

wollen's dem Afrom baldovern und zu Dritt' den Coup machen. Der Deutzer kennt die Gelegenheit."

„Hast Du denn auch das schöne Mädchen bemerkt mit den goldblonden Haaren?"

„Ei freilich! auch die Andere in dem großgeblümten seidenen Kleide, das gewiß noch von ihrer Urgroßmutter herrührt."

„Ein goldenes Kreuz hing an einem dünnen Bändchen ihr um den Hals; das könnte ich brauchen."

„Der silberbeschlagene Meerschaumkopf des Alten, der uns so scharf anblickte, wäre mir lieber."

„Wollen wir einen Versuch machen, die Stücke zu fangen?"

„Warum nicht! — Doch still, Schimon! — Sieh Dir mal die Jacke an, die dort hinter dem Stuhle des dicken Bauern hängt. Es scheint etwas Schweres darinnen zu sein; bis fast auf den Boden zieht es die Tasche herab."

„Gobbam! die wollen wir handeln!"

„Paß auf, Engländer! Ich werfe einen Stein unter den Tisch und den Bauern zwischen die Füße. Wenn sie dann verwundert sich bücken, um nachzuschauen, fängst Du die Jacke."

„Voran, Fetzer!"

Es geschah, so wie Der mit der aufgestülpten Nase gesagt.

Im folgenden Augenblick flog ein ziemlich schwerer Stein unter den Tisch, an dem der Eigenthümer der anscheinend so reich gespickten Jacke mit seiner zahlreichen Sippschaft saß, und den Leuten ziemlich unsanft wider und über die Füße. Alle bückten sich erstaunt, um zu schauen, was es sei. Auch der kleine Spitzbube blickte recht erstaunt unter den Tisch, während zur selben Zeit und schnell wie der Wind, die gedachte Jacke von der Stuhllehne auf den Arm des schwarzhaarigen Gauners wanderte. Noch hatten die Leute die Köpfe nicht wieder erhoben, als die beiden Spitzbuben mit ihrer Beute schon weit waren.

„Alle Teufel, die ist schwer! Ein Säckchen ist drinnen!" jauchzte der Engländer nach einer Weile förmlich auf.

„So halte doch! Was brauchen wir uns weiter zu geniren?" rief Fetzer dem immer noch rasch Forteilenden zu. „Hier haben wir wohl nichts mehr zu befürchten. Laß sehen, was wir erbeutet."

Dabei hatte er hastig in die Tasche der gestohlenen Jacke gegriffen und zog nun in der That ein sorgfältig zugebundenes Säckchen hervor, das allerdings ziemlich schwer und mit Geldstücken gefüllt schien.

„Donner und Wetter, wenn es Brabänter wären!"

„Oder Fünflivrethaler! Hundert Stück müssen zum mindesten darinnen sein!"

Also flüsterten die beiden Diebe froh erregt, während Fetzer mit Hast den Strick, der das Säckchen umschnürt hielt, zu lösen versuchte.

„Sous! — Es sind dicke Sous!" rief er enttäuscht, doch mit komischem Entsetzen, da aus dem Säckchen wirklich große dicke Kupfersous zum Vorschein kamen.

„Wir sind angeführt, schändlich bestohlen!"

„Pfui Teufel! der Kerl muß Bettelvogt sein."

„Er hat gewiß auf der Margriethen-Treppe gesessen. Einen ganzen Sack Kupfer mit sich herum zu schleppen, auf die Kirmes mitzunehmen! Es ist schändlich, polizeiwidrig! — Da! — da nimm den Sack, ich schenke ihn Dir!"

„Ich danke! Du hast den Handel gemacht, das Geld ist rechtmäßig Dein."

„Meine Taschen sind zu nobel dazu; sie sträuben sich, zwanzig Pfund schmieriges Kupfer aufzunehmen. Weißt Du was, Engländer? Stelle den Sack seinem Eigenthümer wieder zu, vielleicht giebt er Dir dann ein Fettmännchen als Trinkgeld und Finderlohn."

„Was fangen wir nun mit dem kostbaren Gut an?"

„Dort steht ein sorgfältig zugedeckter Korb; die Frau, der er wohl gehören mag, kehrt uns den Rücken. Machen wir die Arme glücklich und praktiziren wir ihr den Sack in den Korb. Wird sie später als Diebin arretirt, so hat sie doch auch etwas für ihr Geld."

So scherzte der Kleine und hatte sich zu gleicher Zeit an den Korb herangeschlichen, in den er den Sack mit den Sousstücken gleiten lassen wollte.

Doch plötzlich hielt er inne und wandte seinem Kameraden ein überraschtes Gesicht zu. Der zugedeckte Korb hatte sich schwer angefühlt, er mußte eigenthümlichen, vielleicht werthvollen Inhalt haben.

Die drollig erstaunte Miene Fetzers hatte sich noch nicht verändert, als er schon wieder neben dem Engländer stand, doch mit dem Sack und dem verdeckten Korbe, und beide Männer eilten den nahen Rebengängen des Wingerts zu.

„Alle Teufel, was mag in dem Korbe sein? Er ist außergewöhnlich schwer. Zum wenigsten enthält er ein paar fette Schinken."

„Oder einen silbernen Kaffeetopf, den die Mafrau wohl nur zum Staat mitgebracht, denn die Weiber tranken ihren Schlaberjucks aus irdenen Töpfen."

„Herrgott, wenn wir dießmal etwas Rechtes erwischt hätten!"

In der That, die Spitzbuben hatten etwas Rechtes, etwas ganz Außerordentliches erwischt und gestohlen, das spürten sie urplötzlich und zu ihrem größten Erstaunen und Schrecken, denn in dem Korbe ließ sich die Stimme eines kleinen, wohl kaum ein paar Wochen alten Kindes hören, das bis jetzt geschlafen haben mochte und durch die Bewegung, in die der Korb gesetzt worden, erwacht war.

Es kreischte so jämmerlich unter dem weißen Tuche hervor, daß die beiden Gauner in ihrer Flucht wie gebannt innehielten und sich mit Gesichtern anschauten, deren starres Erstaunen in eine unbändige Heiterkeit überging und sich endlich in einem lauten, dröhnenden Lachen Luft machte.

Flugs setzte Fetzer den inhaltreichen Korb nieder und wäre gern mit seinem sauberen Kameraden davon geeilt, wenn er nur vor Lachen gekonnt hätte — denn ein entsetzliches Weibergekreisch hatte sich und ziemlich in der Nähe erhoben. Es war die Mutter, die ihren gestohlenen Säugling suchte, nach ihm rief und sich wohl nicht beruhigen wollte, trotzdem man ihr gewiß sagte, daß es nur ein Scherz sei, man ihr das Kind ganz sicher zurückbringen würde, da man noch nie von Spitzbuben gehört, welche Kinder in so unreifem Alter raubten.

Der Engländer hatte sich auf die Erde geworfen und wand sich förmlich vor Lachen, während Fetzer den Sack mit Sous in den Korb und neben dem schreienden Kinde ausgeleert, wobei er doch vorsorglich eine ziemliche Partie der dicken Kupfermünzen in seine eigene Tasche steckte. Dann warf er die gestohlene Jacke oben drauf und nun war es höchste Zeit an Flucht zu denken, denn die Gefahr wurde größer, der Tumult kam stets näher.

Fetzer riß endlich seinen Kameraden vom Boden empor und zog ihn gewaltsam mit sich fort, tiefer in die weitläufigen, sich labyrinthisch durchkreuzenden Nebengänge hinein. In diesen verschwanden die beiden Gauner denn auch bald, während das Geschrei der suchenden Mutter und ihrer belfernden Gesellschaft sich immer mehr dem Orte näherte, wo man den Korb mit seinem lebendigen Inhalt und dem ihm gewordenen Zuwachs finden mußte.

„Das nenne ich ein Abenteuer! So etwas ist einem ehrlichen Spitzbuben noch nicht passirt!" lachte Fetzer endlich auf, als er sich in Sicherheit glauben konnte, da das Geschrei der Suchenden nur verworren an sein Ohr tönte. Lachend setzte er sich auf eine Rasenerhöhung, mit einem Tuche den Schweiß sich abtrocknend, der zwischen seinen spärlichen Haaren hervordrang.

Der Engländer hatte noch nicht aufgehört zu lachen; endlich aber sprudelte er hervor: „Und Du dachtest an ein paar fette Schinken! Haha!"

„Was wird die Mutter sagen, wenn sie ihren Säugling findet und in dicke Sous gebettet?"

„An Spitzbuben wird sie dabei nicht denken."

„An ein Wunder wird sie glauben! — Sie muß ihr Kind für ein — Dukatenmännchen halten!"

„Wenn aber der wirkliche Vater — nicht des Kindes, doch der Sous — dazu kommt, sein Geld und seine

Jacke findet! — Das kann ein schönes Durcheinander, eine prächtige Schlägerei werden."

„Das könnte uns auf die Strümpfe bringen, wenn es so recht drunter und drüber ginge."

„Alle Teufel! Hörst Du den Spektakel dort von jener Seite?"

„Es ist richtig! Das ist der dicke Sousmann, der seinen Sack und seine Jacke sucht. Während die beiden Parteien aneinander gerathen — und das wird geschehen — wollen wir uns an die kölnischen Honoratioren machen. Doch keine Zeit ist zu verlieren. Auf und fort!"

So sprach der Kleine hastig und eilte schon durch die Nebengänge dem andern Theile des mit Gästen gefüllten Gartens zu.

Der Engländer folgte ihm. „Wie meinst Du, daß wir es anstellen sollen, Matheis?" fragte er im Gehen.

„Ganz einfach, Schimon! Ich werde bei einem der Mädchen, wo möglich bei der hübschen Blonden, dem Goldengelchen, etwas unverschämt. Das wird die Augen Aller auf mich ziehen. In diesem Augenblicke erregst Du an einer andern Stelle einen Tumult, wirfst einige der Herren widereinander, oder meinetwegen die Tonne mit dem krummen Fiedler um, und dann — an's Werk! Du kannst Dir das goldene Kreuzchen der großgeblümten Seidenjuffer holen; ich muß den Meerschaumkopf des Alten mit dem bösen Blick haben. Alles Weitere findet sich."

„Wir haben ja heute Unglück genug gehabt, und da wäre es benn doch nicht mehr als recht und billig, wenn —"

„Still! — Da sind sie! — Siehst Du dort, wie sie tanzen? Ma foi, den Küßchestanz! — Alle Teufel, der kommt mir just gelegen; da bin ich mit dabei! — Komm Engländer — Juchhei! — es lebe die Weyerstraßenkirmes!"

Damit hatte der lustig angeregte Fetzer den letzten Zwischenraum durchschritten, der ihn noch von den Tanzenden trennte und seinem Kameraden noch einen bedeutsamen Wink gebend, trat er dicht an den Kreis heran. Der Engländer blieb zurück, mit den Augen stets dem Thun des Kleinen folgend, doch auch zugleich nach einer Gelegenheit spähend, um ihn zur rechten Zeit zu unterstützen.

Just hatte Mademoiselle Billchen den jungen Göbbels in die Mitte des Kreises geführt, da drängte sich Fetzer rasch vor und zu dessen alleinstehender Tänzerin. In dem Augenblick, als Billchen den Kuß Heinrichs empfangen sollte, umfaßte der Bandit mit frechen Händen die Taille Goldengels und drückte seine unreinen Lippen auf den weißen Hals des Mädchens. Doch sie berührten diesen kaum, denn Goldengel, von dem rohen Angriff erschrocken, hatte sich plötzlich gewendet, und in die rothunterlaufenen blitzenden Augen des Frechen schauend, stieß sie zugleich den lauten, entsetzlich klingenden Schrei aus, der den Mund des jungen Göbbels so gewaltsam von seinem küssenswerthen Ziele, dem er schon so nahe gewesen, und zum größten Leidwesen Billchens entfernte.

In der folgenden Secunde schon stand der junge Mann neben Goldenzel und sein schwerer Faustschlag traf den Frechen, der sich so beleidigende Ungebühr erlaubt. Doch dieser dachte an keinen Ringkampf, sondern überließ das Paar seinem Schicksal, und sein verbrecherisches Ziel weiter verfolgend, versuchte er vor allen Dingen die entstandene Verwirrung nach Kräften zu vergrößern.

Fast zugleich hatte der Engländer die Tonne, auf welcher der kleine Fiedler stand und geigte, umgeworfen und den Betrunkenen spielend, ließ er sich dann mit aller Kraft wider ein paar der dort weilenden Herren fallen.

Im Augenblick war der Tumult allgemein.

Die Tonne mit dem Geiger war mitten in eine Gruppe gefallen, welche in einem etwas aufgeregten Zustande die „Sibbesprüng" tanzten. Ein Paar war dabei höchst unsanft und unter entsetzlichem Geschrei wider ein anderes gestoßen worden, und während die rollende Tonne noch weiteres Unheil anrichtete, der kleine Geiger jämmerlich schrie und wie besessen um sich schlug, fingen die Aneinandergerathenen, Männer und Weiber an, sich unbarmherzig mit Fäusten und Nägeln zu bearbeiten, ihren Kampf mit stets stärker werdendem Geschrei und Gekreisch unterstützend und begleitend.

In unserer Hauptgruppe hatte der Tumult auch sofort ganz außergewöhnliche Wirkungen hervorgebracht. Der lange Herr Tillmanns war — er wußte nicht wie, noch durch wen — mit einer solchen Vehemenz wider die nicht minder lange Mafrau Ophoven, welche in der Nähe des Kaffeetisches stand, geflogen, hatte dieser dabei so höchst unsanft auf die Hühneraugen getreten, daß die würdige Dame nicht allein ein wahrhaft mörderisches Geschrei erhoben, sondern im Verein mit ihrem gewiß unfreiwilligen Angreifer wider den Kaffeetisch fiel, wodurch die allerentsetzlichsten Verheerungen angerichtet wurden. Beide waren nämlich nicht nur wider, sondern zur größten Hälfte auf besagten Tisch gefallen, welcher nur aus leichtem Schragwerk bestehend, solchen furchtbaren Doppelstoß nicht auszuhalten im Stande war. Seine gekreuzten schwachen Beine knickten zusammen und so fiel er denn, sammt Kannen, Kaffee, Milch und Zucker, Stüttchen und Kirmeswerk und obendrein noch der Mafrau Ophoven und dem sehr ehrenwerthen Herrn Tillmanns um und zu Boden, unter dem entsetzlichsten Angstgekreisch der noch an seinen gastlichen Ufern weilenden Kaffeetrinkerinnen.

Zur selben Zeit hatte der alte Herr Göbbels auch eine höchst unsanfte Karambolage erlebt, die ihm seine silberbeschlagene Meerschaumpfeife förmlich aus dem Munde gerissen. Auch Juffer Billchen fühlte einen scharfen, schneidenden Schmerz an ihrem Halse. Doch als sie in dem allgemeinen Tumult laut aufschreiend die Hand an die schmerzende Stelle brachte, fand sie nicht das mindeste, nicht einmal mehr das schmale Seidenbändchen. Es war mit sammt dem Kreuzchen verschwunden, spurlos verschwunden — wie die prächtige Meerschaumpfeife, nach welcher der ehemalige kurkölnische Gewaltrichter fluchend und suchend umhertappte.

Dies Alles und noch vieles Andere — wie die verschiedenartigsten Aufschreie anzukündigen schienen — geschah fast in einem und demselben Augenblicke. Doch dauerte der Tumult, die Verwirrung glücklicher Weise nicht allzulange, denn als die Urheber des ganzen Auftrittes ihr Ziel und wohl noch mehr erreicht, verschwanden sie wohlweislich aus der Nähe des Schauplatzes ihrer unsauberen Heldenthaten, sich anderwärts hinwendend, wo es, ebenfalls durch sie angeregt, noch lustiger, das heißt noch heißer und tumultuarischer herging.

Mit dem Verschwinden der Ursache hörten auch die Wirkungen auf, und langsam kehrte die Ruhe wieder in den Kreis unserer Bekannten zurück.

Am andern Ende des Platzes aber, dort wo die

beiden mit Beute beladenen Gauner hineilten, war eine
ernstliche Prügelei entstanden, welche großartige Dimen=
sionen anzunehmen drohte.

Der Eigenthümer der gestohlenen Jacke mit den
dicken Sous hatte den Raub bald gespürt und mit seiner
ganzen Gesellschaft, aus Leuten der unteren Klasse be=
stehend, laut scheltend und fluchend sich auf die Suche
nach seinen kostbaren kupfernen Schätzen gemacht. Daß
die nach ihrem Säugling schreiende Mutter, mit ihrer
nicht weniger Lärm machenden Sippschaft, die Aufmerk=
samkeit der zuerst Bestohlenen erregen mußten, konnte
nicht ausbleiben. Letztere stießen denn auch just auf die
Weibergruppe, als die glückliche Mutter endlich nicht
allein ihren Sprößling wiedergefunden, sondern auch
staunend das Wunder entdeckt hatte, welches sich wäh=
rend der Zeit mit dem Kinde begeben, und das dieses,
wie der Gauner richtig bemerkt, zu einem wirklichen,
wenn auch nur kupfernen Dukatenmännchen stempeln
mußte.

Kaum aber hatte der vierschrötige Bauer, dem die
Sous gehörten, Geld und Jacke erkannt, als der Spek=
takel losging. Die Weiber wehrten sich tapfer mit den
Mäulern, mußten aber endlich doch auch die Hände und
besonders die Nägel zu Hülfe nehmen, denn die Gegen=
partei war durch den genossenen Wein, wie durch den
erduldeten Diebstahl ungewöhnlich aufgeregt. So ent=

stand denn eine recht anständige Schlägerei, die sich immer mehr ausbreitete, da jede Partei sofort Succurs erhielt. Bekannte und Wildfremde nahmen Theil daran, denn eine solche Prügelei gehörte ja mit zu den Vergnügungen einer kölnischen Kirmes und diese wäre, ohne eine solche, ja höchst unvollständig gewesen.

Lassen wir die Leutchen bei ihrem etwas fühlbaren Amüsement und kehren wir zu unseren Bekannten zurück.

Welch ein Bild trostloser, doch auch urkomischer Verwirrung boten die Tische, die Gesellschaft der sehr ehrbaren kölnischen Bürger und Bürgerinnen dar!

Da war vor allen Dingen bei dem Haupttische etwas Merkwürdiges zu schauen.

Auf dem Boden lag Mafrau Ophoven in gänzlich derangirter und verdorbener Toilette und scheinbar besinnungslos, ohnmächtig, und unter ihrer gewiß nicht sanften Last versuchte keuchend der sehr lange und sehr ehrenwerthe Herr Tillmanns sich hervorzuarbeiten, was ihm indessen nicht recht gelingen wollte, sintemalen ihm zur Zeit noch keine ersprießliche Hülfe werden konnte, da ein Jeder noch immer mit sich selbst zu thun und zu schaffen hatte. Beide, Herr Tillmanns und die ohnmächtige Mafrau Ophoven, waren dazu noch über und über mit Kaffee und dicker Sahne begossen, wodurch ihr Aussehen durchaus nicht mitleidenswerther wurde, und rings um sie her lagen, gleich wie um ein Opferlamm gestreute Blumen, die porzellanernen Ruinen des kostbaren Kaffeegeschirres, so wie die zu Flächen zusammengequetschten Berge von Backwerk und Kirmesplatz. Und nun noch die vor dem umgestürzten Tische stehenden, jämmerlich lamentirenden, alle Heiligen und Schutzpatroninnen, sammt den vierzehn Nothhelfern anrufenden, ihre Hände über den Köpfen zusammenschlagenden, doch keineswegs zu etwas Anderm, Nützlicherm gebrauchen wollenden Mafrauen und Mijuffern, Gevatterinnen und Frau Möhnen! Es war ein wahrhaft bejammernswerther Anblick, zum Weinen — doch auch schier zum Todtlachen.

Letzteres versuchten denn auch einige der älteren — und sogar der jüngeren Herren zu thun, die sich von ihrem ersten Schrecken erholt und entweder nichts Besonderes erlebt, noch welcherlei besondere Tröstungen zu besorgen hatten. Diese ergötzten sich laut und ungenirt an dem Unfall des Kaffeetisches und der beiden würdigen Mitglieder ihrer Gesellschaft, bis sie sich endlich zu helfen anschickten, wodurch denn auch diese Scene, und zum Glück für ihre Hauptacteurs, bald eine andere Gestalt erhielt.

Einige der älteren Herren aber, die, welche mitten im Gefecht gewesen, suchten ihre etwas berangirten Toiletten so gut als möglich wieder zu ordnen, oder auch — nach sonderbarer Weise abhanden gekommenen Gegenständen. Da fehlte dem Einen die silberne Schnupftabaksdose, dem Andern ein echt ostindisches Foulard, dem Herrn Göbbels vor allen Dingen die kostbare, schwer mit Silber beschlagene Meerschaumpfeife.

„Diebe waren es, Hallunken, welche die Verwirrung angerichtet und uns bestohlen! Aus meiner Tasche — nein, aus meinen Händen, von meinem Munde weg, haben sie mir die kostbare Pfeife — und so schön angeraucht! — gerissen! O — h! wenn ich nur noch kurkölnischer Gewaltrichter wäre!"

Also brummte und fluchte der alte Göbbels in seinem gewaltigen und gerechten Ingrimm.

Von den jüngern Leuten saßen gar viele und paarweise stille und abseits auf Bänken und Rasenhügeln des Gartens, als ob nichts Unangenehmes vorgefallen wäre. Im Gegentheil! ihre frohen und lächelnden Mienen kündeten sattsam, daß sie durchaus nicht unzufrieden mit der Unterbrechung gewesen, so wie die trauliche und theilweise recht animirte Unterhaltung der einzelnen Pärchen, daß diese die kostbare Zeit recht gut zu benutzen verstanden hatten. —

Nachdem Heinrich Göbbels durch einen derben Schlag den frechen Burschen verscheucht, hatte er das Mädchen, welches vor Schrecken einer Ohnmacht nahe gewesen, zu einem Sitze geführt, der dem immer größer werdenden Tumult ziemlich fern lag. Hier löste sich der Schrecken Goldengels in lindernde Thränen auf, welche die Aufregung des jungen Mannes nicht wenig vermehrten. Er faßte die hübsche kleine Hand seiner Gefährtin, sprach ihr Trost zu, sagte ihr, wie er den Frechen gern noch derber gezüchtigt und daß er freudig sein Leben hingeben würde, wenn es zu ihrer Vertheidigung nothwendig wäre. Doch das junge Mädchen achtete dieser Betheuerungen kaum, welche immer erregter, feuriger wurden. Zu tief hatte sie das Erlebte ergriffen, die Berührung des Schändlichen ihr Inneres empört. Noch immer stand das freche Antlitz des Burschen vor ihrer Seele, noch immer wähnte sie seine blitzenden Augen, welche die eines Verbrechers sein mußten, zu schauen und unwillkürlich schauderte sie. So blieben denn die Worte Heinrichs anfänglich ohne Wirkung, bis endlich doch die Aufregung sich legte, die Ruhe ihr langsam wiederkehrte und ihr Ohr empfänglicher machte für das, was der junge Mann aus tiefstem, so sehr bewegten Herzen ihr zuflüsterte.

Den noch immer thränenumflorten Blick wandte sie zu ihm hin und mit ihren schönen Augen ihn gar herzlich anschauend, erwiderte sie den Druck, den ihre Hand empfand, und nur ihrem Herzen folgend sprach sie:

„Dank — Heinrich, daß Sie mir beigesprungen, mich von dem entsetzlichen Menschen befreit! Wer weiß, was ich ohne Sie noch zu erdulden gehabt hätte."

Der junge Göbbels war bei diesen, zwar nur leise geflüsterten, doch von so sprechenden Blicken begleiteten

Worten merklich, doch freudig zusammengefahren. Hatte Goldengel ihn doch seit langer Zeit wieder zum erstenmal bei seinem Vornamen genannt. Und wie klang ihm dieser jetzt aus ihrem Munde entgegen, so traulich, so glückverheißend!

„Ach, Angela!" rief er in seiner Herzensfreude, indem er ihre Hand festhielt und ihr in das Auge zu schauen versuchte; „wenn Sie wüßten, wie glücklich Sie mich jetzt gemacht! Warum ich, die alte gute Tante Göbbels, Sie so oft und vergebens gebeten, mich doch wie in unserer schönen Jugendzeit — Heinrich zu nennen, Sie haben es jetzt und freiwillig gethan. Seien Sie mir doch auch wieder so gut — wie damals, wo wir uns harmlos und heiter zusammen freuten und uns die Zukunft so schön ausmalten."

„Wenn auch jene schönen Tage vorüber sind," entgegnete Goldengel mit einem innigen Blick, „so sind Sie mir doch geblieben, was Sie mir damals waren — ein Freund, ein Bruder! Das haben Sie mir jetzt gezeigt, und deßhalb will ich Sie auch wieder wie früher — Heinrich nennen, doch nur in der Stille und wenn wir bei der Tante Göbbels sind."

„Nun ist der Bann gelöst, der mich seit langer Zeit so bang gefangen hielt und — so unglücklich machte!" jauchzte der junge Mann förmlich auf, indem er die Hand des jungen Mädchens auf's Neue und kräftig drückte. „Jetzt dünkt mir's wieder wie vor Jahren, wo wir so glücklich, so innig befreundet waren. Ach, wie wird die gute Alte sich erst freuen, und wie froh werden wir wieder in ihrem stillen Stübchen sein! Wie hätte ich mir dies Glück heute denken und träumen können! Sie waren immer so fremd, so gemessen gegen mich, seit ich von der Universität nach Köln zurückgekehrt. Ich sah Sie wohl noch wie früher bei der Tante und freundlich mit mir verkehren, aber es war nicht mehr wie ehedem — während ich so gern mich noch inniger an Sie, an meine holde, liebe Jugendgespielin, mein herziges Goldengelchen angeschlossen hätte!"

Also jubelte der junge Mann, der plötzlich ein ganz Anderer geworden zu sein schien, in einem Athem fort und weder an den Ort denkend, wo er sich befand, noch an die in ihrer Nähe Weilenden, welche sie sehen und wohl auch hören konnten. Auch Angela schien in ihrem stillen Glücke alles um sich her zu vergessen. Schon wollte sie die aus dem Herzen ihres Begleiters kommenden freude=athmenden Worte mit gleichen erwidern, als plötzlich eine schrille Stimme ertönte, die da ziemlich laut rief:

„Da ist sie, Vater!" und leise fügte es hinzu: „und Herr Göbbels ist bei ihr."

Es war Billchen, welche ihren Tänzer und die Schwester, die beide verschwunden schienen, mit steigen=der Ungeduld gesucht und endlich auch glücklich gefunden.

Ihre Seidenrobe trug noch einige Spuren von den unfreiwilligen Berührungen, die sie in dem Tumult erduldet, und ihr Hals zeigte einige schmale rothunterlaufene Stellen, von dem Seidenbändchen herrührend, das ihr sammt dem kleinen Kreuzchen so gewaltsam abgerissen worden war. Doch auch ihre Mienen verhehlten schlecht den Aerger, den sie über das abhanden gekommene Schmuckstück und den Kuß des jungen Mannes empfand. Nachdem der besorgte Vater sie so gut als möglich getröstet, hatte er sich mit ihr auf die Suche nach seinem andern Kinde gemacht und solches denn auch endlich mit Billchens Hülfe gefunden.

Beide näherten sich mit den verschiedensten Gefühlen dem jungen Paare, welches bei dem Rufe erschrocken aufgeflogen war. Goldengel eilte auf den Vater zu und ihm um den Hals fallend, erzählte sie mit raschen, doch warmen Worten, wie Herr Göbbels sie noch zur rechten Zeit vor einer weitern Berührung des abscheulichen Menschen geschützt und daß er deßhalb nicht allein ihren, sondern auch des Vaters Dank verdient.

Der alte Herr von Molenaar schritt sofort auf den jungen Mann zu, den er als Knaben wohl gekannt hatte, der ihm aber seit einer Reihe von Jahren aus dem Gesichte gekommen war. Er befreite ihn just aus einer ziemlich peinlichen Unterredung mit Billchen, denn diese war sogleich auf ihn zugeeilt und hatte ihm ziemlich pikirt zu verstehen gegeben, daß er seine Tänzerin in recht kritischem Augenblicke im Stich gelassen und daß die frechen Diebe ihr Band und Kreuz mit Gewalt vom Halse gerissen.

Noch entschuldigte sich Göbbels recht verlegen, als der Vater auf ihn zutrat und ihm mit Herzlichkeit die Hand drückte, dankte, daß er sein armes Kind so erfolgreich beschützt. Noch manches Wort über frühere Zeit sprach er in freundlichster, wohlwollendster Weise mit dem jungen Manne, der darob hoch erfreut schien, dann kehrten alle Vier zur Gesellschaft, die sich mittlerweile wieder zusammengefunden und von ihrem gehabten Schrecken erholt hatte, zurück.

Mafrau Ophoven hatte die Spuren von Kaffee und Sahne an ihrem ehrwürdigen Brautkleide nicht vollständig vertilgen können und ihre gute Laune war dahin. Auch munterte das viele kostbare Backwerk, das theure porzellanerne Kaffeegeschirr, das da zertreten und zerbrochen am Boden lag, durchaus nicht auf zu neuer Lust, und so wurde denn der Rest des Maiweins mit Hülfe der kaffeelosen Frauen viel ernster und rascher getrunken denn früher, bis endlich die Dämmerung an den Aufbruch und an's Heimgehen mahnte.

Die große Prügelei am andern Ende, am Eingang des Gartens, war auch längst zu Ende gegangen, doch nicht ohne eine hübsche Anzahl blutiger Köpfe und allerlei

Verluste veranlaßt zu haben, und als unsere große und bunte Gesellschaft den Garten durchschritt, war die Ordnung wieder vollständig hergestellt. Man tanzte, sang und lachte, aß und trank wieder wie früher, als ob nichts vorgefallen, und durch die einzelnen Gruppen schritt stolzen Hauptes der Pantaleonsbauer Pitt Djömmich, die Herrschaften zum Ausgang geleitend.

Da zogen sie dahin und heimwärts, die ehrsamen Familienhäupter, Arm in Arm, und umgeben, gefolgt von ihren männlichen und weiblichen Sprößlingen und Mägden, welche wieder die Arme vollgepackt hatten mit Körben und Körbchen, die traurigen Reste des Kirmeskaffees bergend. Einzelne junge Pärchen, welche über die Verlobung hinaus waren, gingen ebenfalls Arm in Arm, während andere jüngere Leute entweder truppweise hinter den Hauptgruppen herschritten und sich dann noch den Mädchen zu nähern suchten, was auch meistens ganz vortrefflich und in anstandsvollster Weise gelang.

Der lange Herr Tillmanns hatte sich an Herrn von Molenaar und seine beiden Töchter angeschlossen und durch allerlei lustige Erzählungen suchte er diese zu erheitern. Dies schien ihm auch so ziemlich bei dem Vater und Goldbengel zu gelingen, wenn das stille Lächeln des Letztern nämlich durch die Späße des lustigen Junggesellen hervorgerufen wurde. Billchen aber blieb zer=

streut und ließ ihre Blicke oftmals nach rückwärts schweifen, allwo der junge Göbbels in der Gesellschaft von Mafrau Ophoven und deren Töchtern, zu welchen er sich auf einen sprechenden Blick seines sehr brummigen Herrn Vaters begeben, still und wortkarg dahinschritt.

Warum war Herr Tillmanns nicht bei seiner so sehr für ihn passenden Tänzerin, Mafrau Ophoven, und der junge Mann dafür nicht bei ihr? So dachte Billchen recht ärgerlich.

In der Gesellschaft der Frau Ophoven wurde ein bekanntes Thema in allen Variationen abgehandelt. Da hieß es:

„Eine schlimme, gottlose Welt, die von heut zu Tage!"

„Zu unserer Zeit war es anders, da wäre so etwas nicht passirt. Man prügelte sich wohl auch auf den Kirmessen — aber wo wir uns aufhielten —"

„Und Spitzbuben gab es wohl auch, aber sie stahlen mit anständigeren Manieren und schmissen dabei die Tische nicht um."

„Wenn ich noch Gewaltrichter wäre!" brummte der alte Herr Göbbels abermals und ingrimmig in seinen Bart, indem seine Hand Bewegungen machte, als ob sie die kostbare Meerschaumpfeife in den Mund stecken wollte. „Die Galgenvögel, die mir meinen Meerschaum gestohlen, wären mir nicht so leichten Kaufs davongekommen. Aber wartet, Ihr Hallunken! Ich habe Euch gesehen, erkannt; Ihr seid mir noch lange nicht am Schmitz-Backes vorbei!"

Dabei unterstützte er seinen merklich schwankenden Collegen, den ehemaligen Weyerstraßen-Schultheiß Biermanns, welcher mit Göbbels Hülfe denn auch endlich glücklich die Schwelle des Wingerts überschritt.

Ob der junge Göbbels gleicher Meinung mit seinem Herrn Vater gewesen, dürfte zu bezweifeln sein. Die Spitzbuben hatten ihm, wenn auch unwissentlich, einen köstlichen, seligen Augenblick bereitet und Hundert gegen Eins dürfte zu wetten sein, daß Goldengel genau dieselben Gedanken in ihrem hübschen Köpfchen herumwarf.

In den Kirmeßstraßen aber, deren die Heimkehrenden noch manche zu passiren hatten, herrschte überall lautes, lustiges Leben. Musik und Tanz, Gesang und Späße, leibliche Genüsse der verschiedensten Art — auch Püffe und Schläge — fehlten nirgends.

Vor dem Konterfei mit dem „Brabänter" wurden alle Passanten, welche neumodische Hüte trugen, auf das ergötzlichste verhöhnt, während dem zaubernden „Zachäus" von den Vorüberwandelnden Füss' und Fettmännchen, dicke französische Sous, in den weiten offenen Mund geworfen wurden, worauf sich jedesmal die langen Rockschöße des Zauberers flatternd hoben und unter dem tollsten Jubel, den allerderbsten, die französische Finanzwirthschaft geißelnden Späßen der zahlreichen Zuschauer kleine Papierstreifen in Form von Assignaten oder wirklliche dieser werthlosen Scheine niederflatterten, um welche sich dann die hoffnungsvolle Jugend der Weyerstraße riß und schlug.

Zwei Personen schienen sich ganz besonders an den etwas derben Kunststückchen des Zauberers zu erfreuen. Der Eine war ein schwarzlockiger Geselle, der Andere ein kleiner Kerl mit einer wahren Mohrennase, welcher eine gewaltige und reich mit Silber beschlagene Meerschaumpfeife im Munde hielt und mit einer Behaglichkeit, einer Würde dampfte, als ob er der dässtigste Hausbesitzer der Kirmes — oder gar ein ehemaliger kurkölnischer Gewaltrichter gewesen, was aber durchaus und nicht im allerentferntesten der Fall war, wie der Leser gar wohl wissen wird. Beide warfen nach und nach eine ziemliche Anzahl dicker Sousstücke in den Schlund des Zachäus, dessen Eigenschaft als Assignatenfabrikant unter unbändigem Lachen stets von neuem erprobend.

Wenn der Eigenthümer der gewissen gestohlenen Jacke jetzt gekommen wäre und seine armen Sous erkannt hätte? — oder Herr Göbbels erst?!

Doch der Trubel war zu groß. Das wogte auf und ab unter lauten scherzhaften Reden, fröhlichem Lachen, in die unzähligen, lärmvoll tönenden Wirthshäuser hinein und wieder heraus, und wer weiß, ob der ehemalige gestrenge Herr Gewaltrichter, selbst wenn er mit seiner Heerpfanne gekommen wäre, die beiden Gaudiebe und seinen schönen Meerschaum gefangen und wieder erlangt haben würde.

All dies lustige Leben und Treiben dauerte fort den Abend, die Nacht hindurch, und so drei volle Tage lang, um den folgenden Sonntag in einer andern Pfarre, einem andern Theile der heiligen Stadt wieder auf's Neue zu beginnen. Und so ging es von einem Sonntag zum andern, den ganzen Sommer, bis spät in den Herbst hinein, wo etwa die große „Baien-Kirmes" den Schluß dieser heitern Volksfeste bildete.

Das waren die „kölsche Kirmesen," welche der wackere Kölner de Noel, ein echter Sohn seiner heitern, lebenslustigen Vaterstadt, vor etwa sechszig Jahren in dem Liede:

„Alaaf de kölsche Kirmesen,
 Do geiht et löstig zu!
 Su'n es gein Gottsbrag wick und breit,
 Gein Kirmes bey ov noh!" —

so vortrefflich besungen — von denen wir aus einer der frühesten in diesen drei Capiteln einzelne Momente, so weit unsere Erzählung es gestattete, zu schildern versuchten. Und wie das prächtige, allbekannte und beliebte Volkslied heute noch in Köln gesungen wird, so finden auch heute noch die „kölsche Kirmesen" und fast in derselben althergebrachten Weise statt. All die Pracht: der Glanz der Sterne, Kronen und Bilder, die derbe Lustigkeit, der schlagende Witz und Humor, sammt den verschiedenen leiblichen Genüssen, selbst die Prügeleien nicht ausgenommen, sind heute noch allborten anzutreffen, wovon sich Jedermänniglich „baußen Köln", der etwa Lust darnach verspüren sollte, zur Genüge überzeugen kann.

So ist es — und so wird es bleiben und deßhalb:

„Alaaf de kölsche Kirmesen!"

Sechstes Capitel.
In einer Deutzer Diebsherberge.

Zur selben Zeit — und schon seit einer Reihe von Jahren, etwa nach Beginn der französischen Revolution — wurden die schönen Rheinlande von einer Plage heimgesucht, die wie ein schreckliches Gespenst die friedliebenden und ruhigen Bürger und Landbewohner erschreckte und bedrohte, Einzelnen plötzlich in ihrer ganzen Furchtbarkeit erschien und auf die Verhältnisse der Betroffenen vernichtend wirkte, wenn diesen selbst nicht gar das Leben kostete. Das Entsetzlichste dieser Plage war, daß Niemand sich sicher vor ihr fühlte, daß sie zu jeder Stunde, in jeder Nacht eine jede Familie mit ihren Schrecken und unsäglichen Gräueln heimsuchen konnte.

Menschen, die außer dem Gesetz standen und handelten, hatten sich in verbrecherischer Absicht zusammengethan und gegen das Eigenthum ihrer Mitbürger verschworen. Sie konnten dies um so leichter und sicherer, als die öffentlichen Zustände und Verhältnisse allerwärts durch den Krieg gelockert und in einer fortdauernden

Reorganisation begriffen waren. Wohlorganisirte Banden gab es, deren Mitglieder: Angeber, Stehler und Hehler weit umher im Lande verbreitet und ansäßig waren, während ein Chef sie nach Willkür, nach Bedürfniß zusammenrief, die gewagtesten Unternehmungen und Raubzüge ordnete und leitete. Es dünkt uns heute unglaublich, schier märchenhaft, wenn wir erfahren, wie solche große Züge ausgeführt wurden, in fast militairischer Ordnung, die Anführer zu Pferde kommandirend, der eine Theil der Bande unter lautem Jubel, Gesang und Geschrei, Pistolen- und Gewehrfeuer die Häuser stürmend, als ob es feindliche Festungen seien, plündernd, sengend und brennend und auch mordend, indessen Andere mit höhnendem Drohen die ganze Bevölkerung des Ortes, den sie heimgesucht, in Angst und Schrecken setzen, zum geringsten Widerstande unfähig machen, oder sich auch tapfer und meistens auch erfolgreich mit einer Uebermacht herumschlagen.

In den obern Rheingegenden und besonders im Gebiete der Nahe, des Hunsrückens, war es Johannes Bückler, vom Volke „Schinderhannes" genannt, während er selbst sich den weit romantischeren Namen „Johannes durch den Wald" beigelegt, der mit seiner bunten zusammengewürfelten Bande, aus allerlei Gesindel, Bauern, Köhlern, abgedankten Soldaten und Spielleuten bestehend, das Eigenthum der Städter und Dörfler schädigte und dabei manchen lustigen Streich vollführte, was ihm einen ebenso gefährlichen als volksthümlichen Ruf verschaffte. Doch waren seine Diebstähle nur unbedeutende Spielereien gegen die Verbrechen der niederrheinischen Räuber. Konnte doch der berüchtigte und entsetzliche Heckmann, als er 1802 gefangen nach Köln gebracht wurde, den Gaffern zurufen: „Seht mich nur an, ich bin der wahre Schinderhannes!"

Und sonderbar! während Bückler es hauptsächlich auf die Juden abgesehen hatte, gegen diese förmlichen Krieg führte, die armen Hebräer ohne Gnade und Barmherzigkeit plünderte und schindete, bestanden die Banden in Brabant und am Niederrhein meistens nur aus Juden, wie auch ihre Hauptanführer, die berüchtigtesten und entsetzlichsten Menschen ihrer Zeit — ich nenne nur Piccard und die beiden Bosbeck — sich zu gleichem Glauben bekannten.

Auch Köln und seine Umgegend wurde zu jener Zeit von einer gefährlichen Bande heimgesucht, die ihren Sitz theils in Neuß und Crefeld, dann wieder in Deutz und Neuwied hatte und an diesen Orten, in der umliegenden Gegend, unzählige und schreckliche Räubereien beging.

Der Verlauf unserer Erzählung nöthigt uns nun über eine solche verbrecherische That, einen derartigen Raubzug, Näheres mitzutheilen, wie wir auch bereits schon einige der Hauptpersonen dieser letztgenannten Bande namhaft machen und dem Leser handelnd vorführen mußten. —

Abermals befinden wir uns in Deutz und in der mittleren Stube des Hauses des Juden Afrom Meyer, der in dem Orte indessen nur unter dem Namen Afrom bekannt war. Trotzdem es draußen noch heller Tag ist, muß die kohlende Oellampe das vollständig dunkle Gemach erhellen und ihr trübes Licht zeigt uns eine Anzahl Männer, die um den plumpen Tisch gelagert, sich die Zeit mit Plaudern und Trinken vertreiben. In der Ecke und wider die Wand gelehnt, sitzt der uns schon bekannte Wirth und neben ihm, die Rücken dem Innern der Stube zugekehrt, weilen die beiden Gauner, die wir im vorigen Capitel bei ihrer sauberen Arbeit gesehen. Ihnen gegenüber sitzen und lungern andere Männer, die sämmtlich ihre hebräische Abstammung nicht verläugnen können. Es sind wahre Galgenphysiognomien, mehr oder minder roh und wild, oder verschmitzt breinschauend. Alle scheinen mit Aufmerksamkeit den Mittheilungen des Spitzbuben mit der Mohrennase, Mathias Weber, „Fetzer" genannt, zu lauschen und zugleich die verschiedenen werthvollen Gegenstände mit prüfenden Kennermienen zu betrachten, die nach und nach aus den Säcken der beiden Diebe zum Vorschein gekommen.

Da waren einige silberne Tabaksdosen und Schnallen,

ein paar Ringe, ein kleines Goldkreuzchen an einem schmalen Seidenbändchen, Schnupftücher, einige Brillenfutterale mit und ohne Inhalt, auch eine dicke Uhr in doppeltem Gehäuse von Tomback mit gewaltigen Berlocken und noch Anderes zu schauen, während die prächtige Meerschaumpfeife mit ihrem blanken Silberbeschlag des ehemaligen Gewaltrichters dampfend in dem Munde des Kleinen hing. Laut und heftig wurde über das Gestohlene debattirt, der Werth festgestellt, gehandelt und geschachert, und dazwischen erzählte Fetzer lachend und auf das Drolligste ausgeschmückt, die auf der Kirmes erlebten vielen Abenteuer.

„Aber der allerschönste Spaß passirte uns zuletzt," sprach er nun, indem er eine Anzahl Silbermünzen einsteckte und dagegen einem der Männer die zwei silbernen Dosen und noch Anderes hinschob. „Ein solches Abenteuer hat noch keiner von Euch erlebt!"

„Erzähle! — Laß hören!" hieß es von allen Seiten und Fetzer fuhr fort:

„Wir hatten uns bereits in den meisten Wirthshäusern herumgetrieben und dachten schon an's Heimgehen, als wir, es mochte etwa zwölf Uhr sein, durch die Pantaleons-Mühlengasse kamen, in der es so stille war, als ob die Kirmes für sie nicht dagewesen. Die Thür eines der wenigen Häuser der Gasse war nur angelehnt und ging auf, da ich sachte darwiderdrückte. Eine solche Gelegenheit durfte nicht unbenützt vorüber gehen. Rasch traten wir in das Haus. Es war stockfinster drinnen. Zuerst also mußten wir Licht haben. Wir fanden auch bald die Küche, über dem Kamin Feuerzeug und ein Stümpchen Kerze. Nun ging es auf das Zimmer los, aus dem uns ein entsetzliches Schnarchen entgegentönte; es klang fast, als ob eine ganze Schwadron Husaren in dem Loche kampire. Voller Erwartung klinkten wir die Thür auf — welche Schätze werden wir finden?! — Alle Teufel! es waren Euch saubere Schätze! Auf einer Streu am Boden lagen fünf alte Weiber, eine häßlicher, scheußlicher wie die andere und schnarchten, als ob sie die Eisbrecher an der Trankgasse durchsägen wollten. Wir Beide schauen uns an und brechen zugleich in ein so lautes Lachen aus, daß die Weiber allesammt und wie auf einen Schlag erwachen. Jetzt ging es los! — Zu holen war nichts! — Ich werfe die brennende Kerze mitten unter sie, doch zugleich fühle ich ein paar Hände mit Nägeln, lang und spitz wie Schuhzwecken, die mir das Gesicht bearbeiten. Mit Händen und Füßen wehre ich mich. Eine meiner wüthenden Angreiferinnen werfe ich zu Boden, doch sofort werde ich von einer Andern am Beine festgehalten und ich spüre, wie diese mich durch meine hohen Stiefeln zu beißen versucht. Dazwischen schreien, heulen und schimpfen die Bestien, daß mir schier Hören und Sehen verging.

Dem Engländer war es ebenso gegangen und wenn wir uns eine der Katzen vom Halse geschafft, so saßen uns sogleich wieder ein paar andere im Nacken. Es war zum verzweifeln und hätte für uns ein böses Ende nehmen können — für die Weiber wäre der Ausgang sicher schlimm gewesen, wenn ich nur in die Tasche und an mein Messer gekonnt hätte! — denn schon schien es draußen lebendig zu werden, als uns eine unerwartete Hülfe wurde. Eine der Alten schrie plötzlich mit entsetzlich kreischender Stimme auf: „Ich brenne! ich brenne!" und wirklich war die Kerze, die ich weggeworfen, auf ihr letztes und einziges Kleidungsstück gefallen, hatte dort gezündet und das kohlende alte Linnen war dann durch die gewaltsamen Bewegungen, welche die Alte in ihrem Kampfe gemacht, in helle Flammen gesetzt worden. Jetzt aber ging Euch ein Spektakel los, gegen den ein Hexensabbath wahre Kirchenmusik sein muß. Wir waren frei, doch während die heulenden Weiber der brennenden Furie, welche sich wie besessen geberdete und schrie als ob sie am Spieße stecke, das hellaufflackernde einzige Kleidungsstück vom Leibe reißen, wollten wir schier ersticken vor Lachen über den drolligen Anblick, der sich uns bot."

Der Erzähler machte eine Pause, um seine Kehle durch einen langen Zug aus einem der irdenen Krüge zu erfrischen.

Die Zuhörer lachten und machten ihre Späße über das Gehörte.

"Das hätte ich sehen mögen! meine Schnupftabaks= dose gäbe ich drum!"

"Das will nicht viel heißen, sie ist ja von Horn!"

"Ich hätte ihnen die Baracke über den Köpfen zu= sammengebrannt!"

"Das wäre auch bald geschehen und die Alten hätten braten müssen," entgegnete der schwarzköpfige Eng= länder.

"Laß mich erzählen!" rief nun Fetzer, nachdem er sich den Mund abgewischt. "Jetzt kommt ja der Haupt= spaß!" Und seine Augen funkelten vor Lust und Ver= gnügen, da er nun weiter berichtete.

"Wir mußten nun machen, daß wir davon kamen, denn die Geschichte wurde in der That ernsthaft. Die Streu hatte Feuer gefangen und schon an der Thür be= gegneten uns Leute, ein Pärchen, Mann und Weib, welche laut aufschreiend fragten, was es gäbe und wo es brenne. Doch das sahen sie bald. Wir aber schlüpften davon. Am nahen Walle fanden wir abermals eine offene Thür und zwar die eines der verlassenen Wichhäuschen, welche gewöhnlich von Bettlern bewohnt werden. Das Innere des Raumes war hell erleuchtet und die Thür weit offen. Es mußte die Wohnung der Beiden gewesen sein, denen wir so eben begegnet.

„Wir treten ein und sehen auf dem Feuer eines kleinen Heerdes — denkt Euch unsere frohe Ueberraschung! — eine gewaltige Poularde und noch dazu mit einem fetten Aal gespickt und am Boden mehrere Flaschen Wein. Jetzt ging unser Jubel an. Wir schließen, verriegeln die Thür von innen und beginnen zu schmausen, zu essen und zu trinken nach Herzenslust. — Die Feuersbrunst mußten die Weiber wohl bald und glücklich gelöscht haben, denn nicht lange dauerte es und das Bettlerpaar kehrte zu seinem kostbaren Kirmes=Schmause zurück. Doch nun finden sie zu ihrem Schrecken und Entsetzen die Thür ihrer Wohnung geschlossen, hören unser Lachen und wie wir ihrer aalgespickten Poularde jubelnd den Garaus machen und dabei ihren kostbaren Wein trinken! Die Verzweiflungsschreie der Beiden waren wo möglich noch komischer anzuhören, als die des brennenden Drachen. Sie versuchen die Thür zu sprengen, doch diese ist stark und gut verwahrt, und durch die Schießscharten, welche als Fenster dienen, können sie auch nicht, die armen Bettler sind beide zu dick und zu fett dazu. Jetzt drohen sie Hülfe zu holen und wirklich läuft das Weib davon, während der Mann mit einem derben Prügel bewaffnet, Wache vor der Thür hält. Wir lassen uns nicht stören und essen und trinken fort, und als endlich die ganze Poularde mitsammt dem Aal vertilgt, der Wein getrunken ist und in der Ferne

drohendes Geschrei den Succurs der geprellten Lecker=
mäuler ankündigt, rufe ich dem Engländer zu: „Jetzt
ist's Zeit!" öffne die Thür und fliege mit gesenktem
Kopfe dem vierschrötigen Kerl zwischen die Beine, werfe
ihn den abschüssigen Wall hinab, daß er seinem just
unten anlangenden Weibe fast in die drohend empor=
gehaltene Mistgabel fällt. Dann laufen wir davon und
sind bald außer aller Gefahr. Doch bis zum Morgen
haben wir an den Folgen des Abenteuers gelitten, denn
die ganze Nacht mußten wir lachen — lachen, daß ich
es heute noch in allen Gliedern spüre!"

Und abermals begann Fetzer so hellauf und lustig
zu lachen, daß die ganze Gesellschaft miteinstimmen mußte.

„Das nenne ich ein Kirmes=Vergnügen!"

„Reiche Fänge, hübsche Mädchen geküßt, Prügeleien
und Späße vollauf und dabei noch kostbar essen und
trinken! — Was kann man mehr verlangen?"

„Der Fetzer ist ein Glückskind; wo er dabei ist,
gelingt Alles!"

„Deshalb, Kameraden, soll unser heutiger Handel
auch gelingen, und da soll's etwas Großes werden," sprach
der also Belobte mit stolzem Tone.

„Das wollen wir hoffen, und darauf laßt uns trinken!"

„Der Postkarren hat heute der Geldsäcke so viele
zu laden, daß der Fuhrmann noch ein Pferd mehr wird
vorspannen müssen," sagte Afrom mit wichtiger Miene.

„Wir bringen's ohne Vorspann heim!"

„Dazu müssen wir es erst haben! Wenn nur der Streich gelingt."

„Und daran soll's nicht fehlen, Donnerwetter!" schrie Fetzer, indem er den letzten Sprecher wild und drohend anblickte. „Laß mich keine solchen Worte mehr hören, Herzchen Schuster. Wer zweifelt, mag daheim bleiben!"

„Ich meinte nur —" entgegnete der Andere etwas kleinlaut. „Der eine Permassematter, der Müller, läßt sich nicht sehen."

„Er wird die Andern wohl nicht ohne Pässe über den Rhein haben schaffen können."

„Laß Dir wegen Dem keine grauen Haare wachsen; er wird schon kommen, wenn es Zeit ist. Und die Andern bringt er mit, darauf verlaß' Dich."

„Wo ist mein Kreuz, so eben lag es noch hier? Wer hat es gestohlen?"

Also brauste der Engländer plötzlich fragend auf, wobei er drohend auf den Tisch schlug, daß Kannen und Gläser zitterten. Doch schon gaben ihm die erstaunten Blicke der Kameraden Antwort.

Hinter ihm stand der alte tolle Bettler und hielt das kleine Schmuckstück in seinen langen mageren Fingern, die Augen starr, doch theilnamlos darauf gerichtet.

Unhörbar hatte er die Stube betreten, langsam

war er näher gekommen. Nachdem er eine Weile auf
den Tisch gestarrt, hatte er unbemerkt das Kreuzchen
erfaßt und dann empor gehoben. Niemand kannte ihn
und deshalb starrten ihn die Anwesenden erstaunt, einige
sogar ziemlich erschrocken an.

Besonders war es einer der Männer, ein Jude, der
just dem Engländer gegenüber saß und also dem tollen
Alten gerade in's Gesicht schaute, der die Augen weit
aufriß. Es war Derjenige, den Fetzer wenige Augen=
blicke vorher „Herzchen Schuster" genannt hatte.

Afrom lächelte, als er den Eindruck bemerkte, den
sein neuer Hausgenosse machte, während sein hin und
her wackelndes Weib leise Verwünschungen brummte, die
wohl dem Alten gelten mochten.

Der Engländer, welcher sich sofort herumgedreht,
hatte sich bald wieder gefaßt und mit zornigem Blick
riß er dem Alten das Kreuzchen aus den Fingern. Theil=
namlos ließ der Tolle es geschehen, nur schaute er auf
und sein mattblaues Auge traf dabei das Gesicht des
ihm gegenüber sitzenden Juden, der sich von seinem Er=
staunen noch immer nicht erholt zu haben schien.

Jetzt ging mit dem alten Bettler eine seltsame Ver=
änderung vor. Seine Augen gewannen Leben, sie blitz=
ten fast auf und sein wachsbleiches Gesicht überströmte
eine helle Röthe; zugleich verzerrten seine Mienen sich
zu einem zornigen Ausdruck, während seine Lippen sich

rasch bewegten und allerlei Töne und Laute hervor=
sprudelten, die in ihrer unbeholfenen Erregtheit für die
Anwesenden etwas Komisches hatten.

Die Männer brachen über das Gebahren des Armen
in ein tolles unbändiges Lachen aus; nur der eine Jude,
Herzchen Schuster, vermochte nicht in diese allgemeine
Heiterkeit miteinzustimmen und immer ernster wurde er.
Endlich brach er in die Worte aus:

„Aber zum Teufel, Afrom, wo hast Du denn den
tollen Burschen her?"

„Wie mir scheint, so kennt er Dich, Herzchen," ent=
gegnete lachend Afrom.

„Wo hast Du ihn her?" schrie der Andere immer
stärker, indem auch sein Gesicht mehr Zorn als Er=
staunen zeigte. „Ich muß ihn fassen, den tollen Hallunken,
ihn durchhauen; hat er mich doch schändlich bestohlen!"

Und nunmehr voller Wuth richtete Herzchen Schuster
sich auf und versuchte hinter dem Tische vorzukommen,
woran er aber von seinen Kameraden, welche sich höch=
lich über den Zorn der Beiden zu ergötzen schienen,
unter allerlei Neckereien verhindert wurde.

„Laßt mich!" schrie jetzt der Jude wahrhaft wüthend.
„Ich muß dem tollen Spitzbuben an den Leib, ihm den
Hals herumdrehen! Habe ich dem Kerl Obdach gegeben
in meinem Hause und Nahrung so viele Jahre, und hat
er mich dafür doch schändlich bemaust!"

„Gewiß als richtige Bezahlung für Deine Bewirthung, die wohl mehr aus Prügel, denn aus Braten bestanden haben wird!"

„Nun begreife ich auch die ganz ungewöhnliche Geschicklichkeit des Tollen im Stehlen und Taschenvisitiren. Ja, wenn er bei Dir gewohnt hat, Herzchen, in Deine Schule gegangen ist, dann ist's mir erklärlich."

Also lachte Afrom überlaut und die Andern stimmten lustig mit ein.

„Und jetzt beklagt sich Herzchen Schuster, daß sein Lehrbub Geselle geworden ist und an ihm sein Meisterstück gemacht hat."

„Warum hat er ihn so vortrefflich abgerichtet?"

„Aber sage mir Herzchen, wo hast Du denn den Alten eigentlich aufgegabelt?"

Herzchen Schuster antwortete auf all' diese Reden nichts; er hatte sich endlich hinter dem Tische vorgearbeitet und wollte nun über den Alten, der seine drohenden zornigen Blicke nicht von ihm abwandte, herfallen, als plötzlich Afrom aufsprang und den Wüthenden mit starker Faust wegschleuderte.

„Zurück!" rief er mit lauter drohender Stimme. Der Alte ist jetzt in meinem Hause und geht Dich nichts mehr an. Ich allein nur habe das Recht ihn zu prügeln und Du krümmst ihm kein Haar! hörst Du? Sonst hast Du es mit mir zu thun!

Herzchen Schuster, ein ziemlich langer Kerl, von etwa fünfundvierzig Jahren, in halb bäuerischer Kleidung, mit dunklem Bart und zottigem Haar, das er im Nacken zusammengebunden trug, schien aber keineswegs gewillt, seine Beute so leichten Kaufs fahren zu lassen. Unter neuem Schreien und Schimpfen drang er abermals auf den Bettler ein. Doch Afrom kam ihm zuvor; er packte ihn rasch und so gewandt, daß der wüthende Jude im nächsten Augenblick auf dem Boden lag und einen lauten Schmerzensschrei ausstieß, worüber die ganze Bande in neues höhnendes Lachen ausbrach. Auch der alte Bettler schien sich über seinen besiegten Gegner zu freuen, denn sein Gesicht, das er zu seinem jetzigen Herrn hinkehrte, drückte deutlich Befriedigung aus.

„Jetzt halte Ruhe, Herzchen, oder ich werde Dich einsperren und unschädlich machen für heute und morgen — bis wir von unserm Zug zurückkehren!" So rief Afrom dem am Boden Liegenden drohend zu.

„Sei vernünftig, Herzchen, und laß den tollen Kerl laufen!"

„Setze Dich her und erzähle uns wie Du zu ihm, oder er zu Dir gekommen, und was er Dir denn eigentlich gestohlen hat."

Der Geschlagene war durch die Worte Afroms, die ihm nichts Tröstliches in Aussicht stellten, vollständig ruhig geworden.

"Es war werthvoll und wichtig genug, was er mir stahl," sagte er, indem er sich ziemlich mühsam aufrichtete, "und den Galgen hätte der tolle Kerl schon dafür verdient."

"Setze Dich zu mir, Herzchen, und erzähle; ich interessire mich für den Alten," sprach Afrom recht neugierig.

Herzchen Schuster ließ sich wieder auf seinen Platz nieder und wollte just seinen Bericht beginnen, als der Engländer plötzlich aufschrie:

"Mein Kreuzchen! — Soll mich der Satan holen, der Tolle hat es mir wahrhaftig aus der Tasche gestohlen, in die ich es gesteckt! Das ist ja ein wahrer Teufelskerl!"

Und lustiges Lachen ertönte allenthalben, denn der alte Bettler saß in einer Ecke der Stube und hatte richtig das kleine goldene Kreuzchen in der Hand, das er sofort verbarg, als er sah, wie Aller Augen sich auf ihn richteten. Mit merkwürdiger Geschicklichkeit hatte er das Schmuckstück während des Tumultes dem Engländer aus der Tasche geholt und unbemerkt in Sicherheit gebracht."

"Seht Ihr nun den Gauner? Er bestiehlt uns sogar! Haut ihn nieder, den Hallunken!" Also brauste Herzchen Schuster noch einmal auf.

"Nichts da!" schrie Fetzer. "Der Alte mag das

Ding behalten, das er so geschickt gekapert. Mein Kamerad hier schenkt es ihm. Auch werden wir uns bald die Taschen mit ganz anderen Stücken füllen können."

„Ein verfluchter Kerl!" brummte der Engländer. „Wo kommt er her, wer ist es?"

„Erzähle Herzchen, was Du von ihm weißt! Erzähle!"

So rief Afrom und die Andern stimmten mit ein. Auch Fetzer schien recht neugierig auf den verrückten und doch so gewandten Alten geworden zu sein.

Der also Aufgeforderte rückte etwas unbehaglich auf seinem Sitz hin und her; er schien mehr von dem armen alten Manne zu wissen, als er sich wohl zu sagen getraute. Doch nach einer kleinen Pause, während der er sich wohl die Geschichte, die er seinen Kameraden auftischen oder vorlügen wollte, zurechtgelegt haben mochte, sagte er entschlossen:

„Meinetwegen! ich will Euch erzählen, was ich von dem Kerl weiß."

„Aber die Wahrheit, Herzchen!" rief Afrom, dem das Zögern und Sichbesinnen des Juden nicht entgangen und ziemlich verdächtig vorgekommen war. „Es liegt mir ganz besonders daran, die Wahrheit zu wissen."

Herzchen Schuster schaute überrascht auf.

„Wer sagt Dir denn, daß ich Dich belügen will, Afrom?"

„Ich meinte nur so — fange nur an!"

Die Neugierde Afroms sollte indessen nicht befriedigt werden, der Jude nicht zum Erzählen kommen, denn in demselben Augenblicke, als er den Mund zum reden öffnete, that die Thüre ein gleiches, und die kräftige große Gestalt des Weißgepuderten, mit Namen Müller, den wir schon einmal in demselben Raume gesehen, trat in die Stube, mit lauter Stimme einen „guten Abend!" rufend.

Alle Kerle fuhren auf und blickten erwartungsvoll nach dem Manne, der bei dem heutigen wichtigen Zuge ihr Hauptanführer sein sollte, ihn mit Wort und Hand begrüßend.

Um die Erzählung Herzchens war es gethan.

„Es ist für ein anderes Mal!" brummte Afrom vor sich hin, während auch er grüßend auf Müller zuschritt.

„Alles ist in Ordnung, Kameraden!" sagte der Weißgepuderte, nachdem er die verschiedenen Begrüßungen erwidert. „Der Wagen ist mit schweren Geldsäcken voll bepackt, soeben von der Landskrone abgefahren. Es soll ein Fang werden, wie keiner von uns noch je einen ähnlichen gethan, und den Neid aller übrigen Banden soll er erregen. Also Courage, und frisch voran!"

„Hurrah, der Permassematter! — Hurrah!" brüllte es wirr und lustig durcheinander.

„Und die Andern?" bemerkte Fetzer kurz.

„Sind besorgt. Es hat Mühe gekostet, sie über den Rhein zu bringen, aber ich kenne meinen Paß=Commis; einige Kronenthaler und die Pässe waren in Ordnung. Doch jetzt merkt auf! Es ist sechs Uhr vorbei und wir müssen an's Werk; es ist keine Zeit zu verlieren."

Bei diesen Worten trat Müller an den Tisch, that einen tüchtigen Zug und begann der nunmehr ruhig zuhörenden Bande Mittheilung zu machen, über das, was er bereits gethan, und wie es weiter mit dem Handel gehalten werden sollte.

Der bergische Postwagen, den es zu berauben galt, übernachtete gewöhnlich in dem Dorfe Langenfelde, etwa halb Wegs Düsseldorf. Er habe den Ruben Simon dem Gefährt sofort nachgeschickt, um zu sehen, ob dasselbe auch heute Nacht dort bleiben würde. Wenn Alles in Ordnung sei, werde Ruben sogleich zurückkehren und die Bande unterwegs treffen. Fünf Mann mit dem Zülcher Wilhelm, die er glücklich von Köln herüber gebracht, seien schon seit einer geraumen Weile auf dem Wege. Fünf Andere hätten sofort aufzubrechen, und nach einer Stunde wolle er selbst, mit Fetzer, dem Engländer und Afrom nachkommen. In dem Walde hinter Opladen sollten sich Alle verbergen, und dann gegen eilf Uhr bei dem wohlbekannten Heiligenhäuschen an der Landstraße, zwischen Oplaben und dem Langenfelde versammeln und allbort die letzten nothwendigen Vorbereitungen getroffen werden.

Die fünf bezeichneten Kerle rüsteten sich zum Aufbruch. Einen letzten Blick warfen sie noch auf ihre Waffen, in Pistolen und Messern bestehend, und bargen dann solche vorsichtig unter ihren Kleidungsstücken. Nachdem Afrom einigen von ihnen noch Quersäcke, mit Munition und verschiedenen Diebswerkzeugen gefüllt, umgehängt, Müller und Fetzer sie nochmals und bringend aufgefordert, ja vorsichtig zu sein, verließen sie einzeln das Haus und machten sich auf den Weg, nach dem etwas mehr als drei Stunden entfernten Rendezvous, und die vier eigentlichen Anführer der Bande und des kühnen Gewaltstreiches, der da vor sich gehen sollte, blieben allein.

„Jetzt Wein her, Afrom, von dem guten französischen, den wir uns beim Pelzer an den Augustinern holten!" rief Fetzer lustig. „Für die Hallunken war Dein Krätzer und Fusel gut genug, wir aber wollen uns ordentlich und herzhaft stärken."

Afrom hatte seinem Weibe schon einen Wink gegeben, und während er noch beschäftigt war, den Tisch an einer Stelle für sich und seine Kameraden zu säubern, brachte die alte Gubulge mehrere Flaschen, die ein viel versprechendes Aussehen hatten. Lustig wurden sie

entkorkt und ihr Inhalt aus den vorhandenen verschie=
denartigsten Gefäßen getrunken.

„Ich wollte Euch einen Vorschlag machen," sprach
Afrom nun bedächtig. „Ihr habt den tollen Kerl ge=
sehen, der mir da in's Haus gelaufen. Er sieht entsetz=
lich ehrwürdig aus, und zu ehrlich, um irgend einen
Verdacht zu erregen. Wie wäre es, wenn wir einmal
unsere Angriffsweise, bei der es mir stets bangt, und
die einstens ganz gewiß unser Untergang sein wird,
änderten, und anstatt die Thüre mit Spektakel einzu=
rennen, sie uns durch den Alten aufschließen ließen?
Wir nehmen ihn mit, er mag klopfen, Einlaß begehren,
und sicher wird ihm die Thüre aufgethan, in deren Nähe
wir uns verborgen halten. Die Arbeit könnte so ohne
viel Geräusch gethan werden."

Nach einer kleinen Pause Sinnens entgegnete Müller:
„Dein Vorschlag hat etwas für sich; ich glaube selbst,
daß sie dem Alten die Thüre öffnen würden, denn er
hat wirklich ein ehrliches und erbarmungswerthes Aus=
sehen, der tolle Spitzbube! Aber was machen wir weiter
mit ihm? Wieder mitnehmen können wir ihn nicht; der
Narr würde uns ganz gewiß auf unserer Flucht hinder=
lich sein. Zurücklassen dürfen wir ihn auf keinen Fall:
er könnte uns verrathen, indem er dem Geschmey den
Weg nach Deinem Hause, Afrom, zeigen würde."

„Es käme auf einen Versuch an," meinte der Jude

mit finsterem Blick. "Wir könnten ihn ja im Nothfall, wenn er uns wirklich im Wege wäre, bei Seite schaffen. Ob der Tolle auf der Welt ist oder nicht, was liegt daran!"

"Nein, das ist zu gefährlich. Nicht ohne Noth soll es Einem an's Leben gehen."

"Aber je ruhiger und stiller die gefährliche Geschichte abgemacht wird — und gefährlich ist sie! — desto sicherer der Erfolg, desto besser für uns!"

"Ach was!" rief jetzt Fetzer. "Laß solche Gedanken fahren, Afrom. Alarm wird es so oder so geben, und laß uns unser Handwerk lustig treiben, wie bisher. Ich bin für das Einrennen der Thüre."

"Es wäre wohl besser, wenn wir den Spektakel vermeiden könnten," sagte der bedächtigere Müller, "aber es geht nicht, Afrom."

"Weißt Du was?" warf der Engländer hin. "Hebe Dir den Alten hübsch auf. Wir haben gestern einen Handel erfahren, bei dem Du ihn ganz vortrefflich wirst gebrauchen können. Wir wollen ihn Dir balboveren gegen halb Part, oder gemeinsam ausführen, wenn wir länger beisammen bleiben."

"Du meinst die Geschichte mit dem Schatz in der Sternengasse!" rief lachend Fetzer. "Ganz recht, den kann Dein weißhaariger Spitzbube heben helfen. Wir überlassen den Handel Dir, Afrom. Wer weiß, was da herausspringt!"

„Was ist's?" forschte Afrom recht neugierig.

„Unterwegs wollen wir Dir's erzählen, laß uns jetzt nach dem Handwerkszeug sehen."

Und die Männer begannen eine Anzahl kurzer Wachslichte in kleine Bündel zu packen, also daß die verschiedenen Dochte sich rasch, fast auf einmal entzünden ließen. Diese und eine ziemliche Menge dünner doch festgedrehter Stricke wurden nebst allerlei Munition in zwei Taschen gepackt, welche der Engländer und Afrom umhingen. Müller ergriff ein etwa vier Fuß langes Brecheisen, der „Schocher" genannt, das zugleich als Kommandostab diente, und nur von dem Anführer des Raubzuges gehandhabt werden durfte. Vermittelst eines Strickes hing er sich das Eisen um den Hals und verbarg es dann unter seinen Kleidern.

So vorbereitet verließen die Vier das Haus Afroms und schritten zwischen Gärten hindurch, aus dem offenen Städtchen auf die Landstraße, welche rheinabwärts führte. Sie hatten das Ansehen von bürgerlichen Händlern, und nimmer hätte ein Wanderer, der ihnen begegnet, ahnen können, daß die so ehrbar dahin ziehenden Männer die gefährlichsten und berüchtigtsten Gauner und Verbrecher gewesen, welche zur Zeit die Rheinlande in Furcht und Schrecken versetzten.

Siebentes Capitel.

Der Raub auf dem Langenfelde.

Es war ein überaus kühnes Verbrechen, dessen Ausführung die Bande und ihre Anführer vorhatten.

Jede Woche fuhr ein Postkarren von Köln, oder vielmehr von Deutz nach den reichen Fabrikorten des bergischen Landes, welcher häufig sehr bedeutende Geldsendungen mit sich führte. Daß dieser Umstand die Diebe der Gegend reizen mußte, konnte nicht ausbleiben, besonders da das Aufladen der Geldsäcke fast auf offener Straße vor sich ging. Gelegenheit, dies zu erfahren, gab es auch, und so war denn von den früher genannten Gaunern schon einmal der Versuch gemacht worden, sich der werthvollen Ladung des Wagens zu bemächtigen, doch an der Zaghaftigkeit mehrerer Mitglieder der Bande gescheitert. Im Augenblick der Ausführung hatten diese es für gut befunden, spurlos zu verschwinden. Mit ohnmächtiger Wuth mußten die Anführer, da sie sich so schmählich verlassen sahen, von dem Vorhaben abstehen und die Ausführung des kostbaren Raubes auf gelegenere Zeit verschieben. Diese war nun gekommen, und Müller, als der Befähigste, zum Hauptanführer bei diesem nicht ungefährlichen Zuge ernannt worden. Die Furchtsamsten der Bande hatte er zu Hause gelassen, und statt ihrer tüchtige erprobte Kerle geworben und auch glücklich nach dem Orte dirigirt, dem ein solcher schrecklicher Besuch bevorstand.

Es ist eine finstere sternlose Nacht.

Nur mit Mühe sind in nächster Nähe die Umrisse der Gegenstände zu erkennen, und es gehört das scharfe Auge, der Instinkt der in stiller nächtlicher Hanthierung wohlbewanderten Männer dazu, um das kleine Heiligenhäuschen zu finden, welches sich hinter dem Flecken Oplaben und etwa eine Viertelstunde von dem Orte Langenfelde erhebt. Zur Seite der Straße ragt der etwa zehn Fuß hohe Stein mit der kleinen Blende und ihrem spitzen Dache empor, dem unbefangenen Wanderer unerkennbar, wie auch die zahlreichen Gestalten, die ihn umlauern und leise zusammenflüstern. Aus dem nahen Walde, von verschiedenen Seiten haben sie sich herangeschlichen, als die Nacht vollständig eingebrochen, und harren nun ihrer Führer.

Endlich, es mag wohl schon ein Viertel auf Zwölf sein, ertönt in der Nähe ein Schrei, ähnlich dem einer Eule, der sofort in gleicher Weise erwidert wird.

Der aufgestellte Posten hat die Nahenden erspäht,

das bekannte Diebszeichen gegeben und die richtige Antwort erhalten.

Die ganze Bande erhebt sich und starrt in das Dunkel nach den Näherkommenden. Doch noch bevor sie die dunklen Gestalten unterscheiden können, vernehmen sie den lustigen Gruß Fetzers und wie Müller sie anredet.

"Ruben Simon, der uns vor einer Stunde getroffen, sagt, daß Alles in Ordnung sei. Der Postkarren übernachtet auf dem Langenfelde und vor dem Wirthshause auf der Straße. Jetzt macht Euch fertig, Kameraden, in einer Stunde muß die Arbeit gethan sein!"

Sicher wären zu anderer Zeit auf diese Worte laute "Hurrahs!" gefolgt, doch wurde diesmal nur ein Murmeln laut, welches indessen recht muthig und enthusiastisch klang; auch zeigte das Knacken der Hähne, daß die Waffen schußfertig gemacht und handlich beigesteckt wurden.

Afrom hatte während dieser Zeit die verschiedenen Ledertaschen geöffnet, damit der Inhalt, sobald es Zeit sei, rasch vertheilt werden könne, und nun rief die Stimme des Hauptmanns die Männer um sich, sie durch eine kräftige Ansprache vor dem Aufbruch noch einmal zu muthigem Handeln anzufeuern.

Die Bande bildete nun einen dichtgeschlossenen Kreis, in dessen Mitte eine kleine Diebslaterne brannte, und Müller sprach von seiner Stelle aus:

"Kameraden, was wir vorhaben, ist kein gewöhnlicher

Raub; es handelt sich um Großes, um Tausende und Tausende, und gelingt es, woran ich nicht im mindesten zweifle, so ist unser Aller Glück gemacht, ein Jeder von uns wird reich genug sein, um nach seinem Gutdünken leben zu können. Auch werden wir uns Ruhm erwerben, auf den wir zu allen Zeiten stolz sein können, denn noch nie ist ein so kühner Streich erdacht worden. Doch hört, was wir unterwegs beschlossen, damit es uns nicht wiederum gehe, wie schon einmal, da wir in unserm Vorhaben schon so weit vorgerückt waren wie jetzt, und durch einige Feiglinge um den Lohn all' unserer Mühen gebracht wurden. Wir: Fetzer, Schimon Engländer, Afrom und ich, wir haben uns vorgenommen, einen Jeden, der Miene machen sollte, feige davon zu laufen, ohne Gnade niederzuschießen. Das merkt Euch, Ihr Männer, und nun voran. Ich werde Euch führen und die andern Kameraden Euch begleiten und nicht aus den Augen lassen, bis wir die reiche Beute gefangen und in Sicherheit gebracht."

„So müssen und werden wir handeln, Kameraden," sprach jetzt Fetzer, „und dem Ersten, der in feiger Absicht auch nur den Kopf wendet, schicke ich meine Kugel in den Leib, darauf verlaßt Euch. Doch ich weiß, daß diese Drohung unnöthig ist. Ihr Alle seid brave und tüchtige Jungen, deren Courage sich mehr als einmal bewährt hat. Bedenkt nur, welch ein Lohn unser wartet! Scheffel

weiſe werden wir die Kronenthaler vertheilen können, und
deshalb — friſch voran und drauf los!"

„Die Muthigen werden nach Gebühr belohnt wer=
den, das vergeßt mir nicht! — Nun noch die Parole für
heute: „Weſel", iſt das Alarmwort, „Straßburg", das
Wort zur Flucht. Das merkt Euch, doch werden wir ſie
beide nicht nothwendig haben. Und nun iſt genug ge=
plaudert: en avant!"

So ſprach zum Schluß Müller. Zu gleicher Zeit
knackten abermals die Hähne verſchiedener Piſtolen, doch
in ſehr bezeichnender Weiſe, und die Bande, von den An=
reden ihrer beiden Chefs in die gehörige Stimmung ver=
ſetzt, begann ſchweigend ihren Marſch.

Es mochten in Allem etwa zehn Männer ſein.

Vorauf ſchritt Müller, als der Hauptanführer. In
der einen Hand hielt er den Schocher auf die Schulter
gelehnt, in der andern eine Doppelpiſtole mit geſpannten
Hähnen. Eine zweite gleiche Waffe ſtak mit einem brei=
ten blanken Meſſer in ſeinem Ledergurt. Fetzer und der
Engländer, ebenfalls die ſchußfertigen Waffen in den
Händen. Und ſonſt noch bewaffnet wie Müller, ſchritten
zu beiden Seiten des Räubertrupps, dem Afrom, in jeder
Hand eine Piſtole, folgte.

Während die Bande alſo dahin ſchritt, gleichſam be=
wacht und escortirt von ihren vier Führern, ſandte der
Deutzer Jude ſeine ſcharfen Blicke ſpähend nach allen

Seiten aus. Nicht ohne Besorgniß fühlte er sich, denn das Unternehmen war eines der gewagtesten, denen er bis jetzt beigewohnt. Doch nichts regte sich, stille blieb es auf der Straße, in dem kleinen Dörfchen Reußrath, dessen Hütten sie nun streiften, wie auch in der Ferne, auf den Feldern, den nahen bewaldeten Höhen.

Endlich war das Ziel erreicht.

Es mochte etwa Mitternacht sein.

Still, wie ausgestorben lag das Dorf Langenfelde da, welches in den nächsten Augenblicken der Schauplatz einer der frechsten Räubereien werden sollte, die jene Zeit gesehen.

Es war eine lange Gasse von einzelnen Häusern und am andern Ende von einer zweiten Gasse, die diesen Namen indessen kaum verdiente, durchschnitten. Hier zweigte sich von der Düsseldorfer-Straße eine andere ab, welche nach Solingen und Elberfeld führte, während zwei andere, doch schlechte Fahrwege in entgegengesetzter Richtung nach dem Rhein gingen.

Bei dem alten, alleinstehenden Posthause ließ Müller seine Leute Halt machen und zusammentreten. Nun theilte er rasch seine Befehle aus. Die Muthigsten der Bande sollten Schildwache stehen, um die Räuber und den Raub zu schützen. Es waren dies die gefährlichsten Posten und so wurden denn Fetzer und der Engländer vor das Wirthshaus beordert, während Ruben Simon,

welcher die Oertlichkeit genau kannte, die hintere Garten-
thür bewachen sollte. Müller selbst hatte das Haus zu
erstürmen, mit einem Theil der Bande die etwaigen
Bewohner der untern Räume unschädlich zu machen,
welches Geschäft Afrom mit den übrigen Kerlen in den
obern Räumen besorgen sollte.

Weiter sandte Müller zwei zuverlässige Jungen so=
fort nach der Kirche ab, dort die Schlüssellöcher an den
verschiedenen Thüren mit Steinen zu verstopfen, damit
sie nicht geöffnet werden konnten und dadurch ein
etwaiges Sturmläuten unmöglich werde.

Mit hastigen, doch bestimmten Worten hatte der
Anführer diese Befehle gegeben, denen blindlings zu ge=
horchen ein Jeder verbunden war, wollte er nicht augen=
blicklich eine Kugel vor den Kopf haben.

Nun galt es einen passenden Rennbaum zu finden.

In der Nähe und zur Seite der Straße hatte
Müller ein großes und plumpes hölzernes Kreuz be=
merkt, das wohl aus irgend einer frommen Ursache dort
aufgerichtet worden war. Da kein anderes passendes
Stück Holz gefunden werden konnte, es auch keine Zeit
mehr war, darnach zu suchen, so wurde Afrom mit ein
paar Kerlen beordert, dasselbe aus dem Boden zu reißen
und herbeizuschaffen.

Während nun Afrom schweigend und rasch diesem
Befehle nachkam, öffnete Müller die verschiedenen Leder=

säcke, vertheilte die Stricke, weitere Munitionen für die Schießwaffen und war just dabei, die Bündel Wachslichter anzuzünden, als Afrom mit seinen Jungen wieder herbeikam, auf den Schultern das lange hölzerne Kreuz, das gewiß nie geahnt hatte, einstens zu einem solchen sündigen und verbrecherischen Zwecke dienen zu müssen.

Nun ging es weiter, Müller mit dem Schocher voran, die Kerle mit dem Kreuze auf den Schultern folgten, von den übrigen Anführern und dem Rest der Bande umgeben.

Endlich war man bei dem Wirthshause angelangt.

Es war ein unbedeutendes zweistöckiges Gebäude, rechts und links von Gärten begrenzt. Vor der Thüre stand ausgeschirrt ein kleines, stark bestaubtes und beschmutztes Gefährt, welches eine weite Reise gemacht haben mußte, und dessen Herr wie sein Fuhrmann wohl schon längst der Ruhe pflegten. Daneben und vor den mit Läden geschlossenen Fenstern, die wohl der Wirthsstube angehörten, stand der Postkarren, der seiner kostbaren Fracht beraubt werden sollte. Starke Seile und Ketten umschlossen das Lederdach, welches den Korb mit den verschiedenen Geldsäcken barg. An dem einen Fensterladen war eine Laterne befestigt, welche den Wagen beleuchtete, ihm wohl als Schutz dienen sollte, den Räubern aber noch weit bessere Dienste leistete. Unter dem

Karren lag ein Hund angekettet, der ein leises, schlaf=
trunkenes Knurren vernehmen ließ.

Vor der Thüre des Wirthshauses pflanzte sich nun
die Bande auf. Die brennenden Wachslichter waren
vertheilt und die ganze Bande glühte in fieberhafter
Erregung, endlich an's Werk gehen zu dürfen. Es war
auch höchste Zeit dazu, denn der Hund unter dem Wagen
begann ein furchtbares Geheul, als Müller durch einen
Pistolenschuß, den er durch das Fenster des Wirths=
hauses feuerte, hinter dem ein schwaches Licht schimmerte,
das Zeichen zum Angriff gab.

Jetzt begann ein furchtbares, entsetzliches Getöse,
welches wohl im Stande war, die so plötzlich aus ihrem
Schlafe aufgeschreckten Bewohner mit unsäglichem Schrecken
zu erfüllen.

Unter lautem Schreien und Fluchen, Singen, wil=
dem und wirren Rufen, in deutscher, französischer und
holländischer Sprache, stürmten die Kerle mit dem zu
einem Rennbaume umgewandelten Kreuze die Thür des
Wirthshauses, welche schon nach den ersten Stößen und
unter dröhnendem Krachen zersplitterte, worauf die Bande,
Müller an der Spitze und den eisernen Schocher schwin=
gend, in das dem Verderben geweihte Wohnhaus stürzte.

Zugleich hatte Fetzer noch einen zweiten Schuß in
das Wirthszimmer gethan, während der Engländer mit
dem Kolben seiner langen Pistole den heulenden Köter

derart geschickt auf den Kopf schlug, daß dieser sofort alle Viere von sich streckte und keinen Laut mehr von sich gab. Wiederum lud Fetzer seine abgeschossenen Pistolen und immerfort die lange Dorfgasse hinabfeuernd, schrie er aus Leibeskräften: „Camarades des autres bataillons! — Formez vous! — rangez vous! — En avant! — Marche!" Auf Alles gefaßt, war er in seinem kühnen Muthe — einer bessern Sache werth! — bereit, es mit dem ganzen Dorfe, wenn es sich nahen sollte, aufzunehmen.

In einem Augenblick war das erstürmte dunkle Haus hell erleuchtet. Wohin die Räuber auch drangen, das erste was sie thaten, war das Ankleben der handlichen brennenden Wachskerzen wider die Wände der Gänge und Zimmer, wodurch sie den nächtlichen Schauplatz sofort zur Ausführung ihrer verbrecherischen Thaten geeignet machten.

Müller war mit seinen Kerlen in die untern Wohnräume gedrungen. Ein Fußtritt und die erste Thür flog auf. Hier fand er in dem vordern größern Wirthszimmer die Fuhrleute des Postkarrens und des andern kleinen Gefährts. Mit Wuthgeheul fielen die Räuber über die Armen her, welche bei dem plötzlichen furchtbaren Getöse von ihrer Streu aufgesprungen waren und nun mit Schrecken und Entsetzen die Stube gefüllt sahen mit bewaffneten und wildaussehenden Menschen. Mit den Kolben ihrer Pistolen schlugen sie auf die entsetzten Fuhrleute ein, warfen sie zu Boden, knebelten sie, schnürten ihnen unbarmherzig Hände und Füße, daß die Stricke tief in das Fleisch drangen, worauf die also Mißhandelten mit dem Gesicht auf den Boden gelegt wurden, mit der Drohung, daß ihnen bei dem geringsten Versuch sich zu rühren, eine Kugel durch den Kopf gejagt werden würde.

Müller war weiter gedrungen, ihm folgten Herzchen Schuster und noch zwei andere Räuber. In dem zweiten kleinern Zimmer fanden sie den Wirth, welcher noch wachend gewesen und bei dem Schein einer trüben Oellampe die kleine Tageseinnahme gezählt und wohl sorgenvoll berechnet. Die Kugel Müllers hatte das Fenster dieses Zimmers zertrümmert und dem Manne fast den Kopf gestreift. Entsetzt war er aufgesprungen, als ein zweiter Schuß ihn wieder auf seinen Sitz zurückwarf. Er sah die Kugel in die Decke der Stube bringen und gleich darauf zertrümmerte ein furchtbarer Schlag die Thür. Müller mit seinen Kerlen stürzte herein.

Der Wirth war keines Lautes, keiner Bewegung mehr fähig beim Anblick dieser wilden bewaffneten Gestalten, in deren Händen Pistolen und blanke Waffen drohten und blitzten.

Müller riß ihn empor und schaute sich im selben Augenblick verwundert um, weil er sah, daß seine Leute keine Hand anlegten, um den Mann zu binden und zu knebeln. Herzchen Schuster war auf das wenige Geld losgestürzt, das auf dem Tische lag, und raffte es gierig zusammen, um es einzustecken, während die beiden Andern instinktmäßig auf einen ärmlichen Schreibtisch, der offen stand und ähnlichen Inhalt ahnen ließ, zugeflogen.

Den Chef der Bande überkam eine förmliche Wuth, als er dies alberne und kopflose Handeln sah. Den Wirth ließ er los und mit gräulichen Flüchen bedeutete er seinen Leuten, was sie hier zu thun hätten. Zugleich fuhr sein eiserner Schocher so gewaltig und dröhnend nieder auf den alten Tisch, daß dieser mitten auseinanderborst und die übrigen kleinen Geldmünzen klirrend auf den Boden fielen. Der Schlag hatte dabei höchst unsanft die Schulter des allzuneugierigen Banditen gestreift, was gewiß in der Absicht des mit Recht erzürnten Chefs gelegen.

Der Getroffene zuckte schmerzlich zusammen und mit den Händen sich gleichsam schützen wollend, stieß sein Mund die gewiß unüberlegten Worte aus: „Aber zum Teufel, Müller!"

Eine furchtbare Ohrfeige war die Antwort auf diesen verrätherischen Ausruf und der Chef, der sich nun in seiner Wuth nicht mehr kannte, begann blindlings drauf loszuhauen, auf den vorlauten Juden sowohl, als auch auf den armen Wirth.

Letzterer bekam nun von allen Seiten die unmenschlichsten Hiebe und Schläge, besonders von Herzchen Schuster, der nicht allein seine Wuth an diesem Opfer auslassen wollte, sondern durch solchen Eifer auch seine begangene Dummheit wieder gut zu machen gedachte.

Laut jammerte der arme mißhandelte, am Boden liegende Mann, doch es half ihm nichts, bald blutete er aus mancher tiefen Wunde, fühlte, wie die Besinnung ihn verließ und daß es mit ihm zu Ende gehe.

Einen letzten Blick noch hatte er auf den Räuber geworfen, der das eiserne Brecheisen so furchtbar handhabte und den er wohl als die Hauptperson in diesem schrecklichen Drama erkannt haben mochte. Er hatte vernommen, wie der eine Räuber ihn Müller genannt, sah nun dessen weißgepuderten Kopf, dem der breite Schlapphut, der das Gesicht so ziemlich verdeckte, entfallen — hörte noch über sich in der Kammer, wo sein Weib und seine Kinder schliefen, deren jämmerliches, klägliches Geschrei — dann vergingen ihm die Sinne und bewußtlos, mit Blut bedeckt, blieb er auf dem Estrich der Stube liegen.

Zum Ueberfluß wurde der Arme noch geknebelt; dann stieß einer der Unmenschen den fast leblosen Körper so lange mit Fußtritten, bis er auf das Gesicht zu liegen kam, worauf man ihn seinem Schicksal überließ.

Unten war die Arbeit vollbracht und sicher — wie die Räuber wähnten.

Jetzt eilte Müller hinaus und zu dem Postwagen, um mit Hülfe Fetzers und des Engländers den eigentlichen Raub auszuführen.

Sehen wir uns nun nach dem Juden Afrom um, der während der Zeit ein sonderbares Abenteuer erlebte.

Im obern Stock des Wirthshauses und in einer Kammer, am Ende des schmalen Flurs, schliefen Frau und Kinder des Hauses, über ihnen, in den Speicherkammern ein paar Mägde. Die erste Thür auf dem Gange und der Treppe zunächst aber führte in ein Zimmer, welches der fremde Herr inne hatte, der mit dem kleinen Gefährt am späten Abend angekommen war, hier übernachtete, um am andern Morgen weiter und nach Köln zu fahren.

Bei dem ersten Tumult waren die sämmtlichen Bewohner dieses obern Theiles des Hauses erwacht. Die beiden Mägde waren aus den Betten gefahren und hatten sich ängstlich in den weiten Speicherräumen verkrochen. Die arme Frau aber wußte nichts zu thun und verwirrt irrten ihre Gedanken von ihren Kindern zu ihrem Manne, der noch unten weilte und dem wohl das Schrecklichste bevorstehen mochte. Schon hörte sie das Krachen der Hausthüre, das Schreien der Fuhrleute, jetzt das Stöhnen ihres blutig geschlagenen Mannes, zugleich Tumult auf der Treppe; sie fühlte, daß die Räuber auch in ihre Kammer bringen würden, daß sie im nächsten Augenblick mit ihren armen Kindern verloren sei. Nun fand sie die

Sprache wieder und erhob ein verzweiflungsvolles Geschrei, in das die Kinder mit einstimmten. Von dem Lager sprang sie herab, eilte auf das Fenster zu und dieses aufreißend, wollte sie um Hülfe schreien, als ein Schuß von der Straße und in das offene Fenster abgefeuert, sie wieder zurückscheuchte. Zu ihren Kindern eilte die Arme und sich über diese werfend, wollte sie die Mörder erwarten und mit ihrem Leibe entweder ihre armen Kleinen schützen oder mit ihnen sterben.

Doch sonderbar! Die Räuber erschienen nicht. Sie waren doch auf der Treppe, schon an dem Flur gewesen; was hatte sie abhalten können, weiter vor und in ihre Kammer zu bringen?

Die Ursache dieses Zögerns war allerdings eine sehr sonderbare und für unsere Erzählung äußerst wichtige.

Der fremde Herr hatte schon in seinem Bette gelegen, als der Tumult begonnen, doch schlief er noch nicht, weil ihn wohl allerlei und für ihn wichtige Gedanken beschäftigen mochten. Sofort war er aufgesprungen, hatte die allernothwendigsten Kleidungsstücke angelegt und zwei Doppelpistolen ergriffen, die auf einem Tischchen lagen, das neben seinem Bette stand. Er hatte sie just schußfertig gemacht, den innern Riegel zurückgeschoben, als die Bande die Hausthür erbrochen. Einige Augenblicke später stürmte Afrom an der schon offenen Wirthsthür vorbei und mit seinen Leuten, unter wildem, wüsten Geheul und Geschrei, die Treppe hinauf.

Durch die im Fluge wider die Wände geklebten Wachskerzen war die Treppe vollständig erhellt, so wie auch der obere Flur, die Thüre des Fremden, die sich genau in demselben Augenblick öffnete, als Afrom auf den letzten Stufen der Treppe angelangt.

Entsetzt prallte der Jude zurück.

In der offenen Thür stand der Fremde, den obern Theil des Körpers nur von einem weiten offenen Hemd bedeckt. Es war eine große kräftige Gestalt mit finstern, stark gebräunten Zügen, blitzenden Augen, die drohend auf den Anstürmenden niederblickten. In jeder Hand hielt er ein Doppelpistol und schußfertig den Räubern entgegen.

Die ganze Erscheinung hatte etwas Imponirendes, Furchterregendes; das finstere, scharf markirte Gesicht zeigte einen Ausdruck eisiger Ruhe, die jeder Gefahr verächtlich zu trotzen schien. Noch wurde dieser Eindruck durch die beiden Waffen unterstützt, deren dunkle Mündungen unbeweglich den Räubern entgegenstarrten. Es konnte demnach nicht fehlen, daß der Jude und seine Begleiter bei diesem unerwarteten und höchst bedenklichen Widerstande an ihre Stellen gebannt wurden und Afrom kein Auge von seinem Gegner wandte.

Einige Augenblicke standen die Männer sich also gegenüber, ohne irgend etwas zu beginnen, sich einander anzugreifen. Doch der Schreck, das Erstaunen Afroms, schwand nach und nach und sein Blick, der den Fremden unabläſſig anstarrte, mußte endlich etwas gefunden haben, das seine ersten Empfindungen in nicht unangenehme Ueberraschung verwandelte. Gleiches mußte dem Fremden widerfahren, denn sein finſteres Gesicht verzog sich zu einem leichten Lächeln, genau als die ängſtliche Spannung des Juden sich in ein staunendes, doch auch recht zufrieden klingendes „Ach!" auflöste.

„Giersberg! — Everard Giersberg!" flüſterte er im folgenden Augenblick und ohne den Blick von seinem finſtern Gegner abzuwenden, während dieser auch leise einen Namen murmelte, der wohl wie „Afrom!" klingen mochte.

Beide Männer hatten sich wiedererkannt, nach einer Trennung von vielen Jahren. Dies war sicher und das, was nun folgte, sollte hinlänglich darthun, daß sie sich auch noch immer verſtanden — wie früher.

Der Fremde, den wir also wieder Giersberg nennen wollen, hob langsam seine Piſtolen in die Höhe, nach der Decke zielend, und im nächsten Augenblick durchhallten vier rasch aufeinanderfolgende Schüſſe das Haus, denen vom Speicher her das gellende Schreien von Weiber- ſtimmen antwortete.

Hierauf trat Giersberg in sein Zimmer zurück, den Räuber bedeutsam anschauend.

Afrom hatte ihn verstanden. Rasch rief er den Kerlen, die ihm folgten, einige Worte zu, worauf diese an ihm vorbeistürmten. Zwei von ihnen brachen in die Kammer ein, wo die weinende Mutter bei ihren Kindern weilte, die Uebrigen eilten die Bodtreppe hinauf, um die Stimmen, welche die Schüsse geweckt zu haben schienen, verstummen zu machen.

Afrom aber trat zu Giersberg in die Kammer.

Hier entspann sich zwischen Beiden folgendes rasch geflüsterte Gespräch.

"Bindet, knebelt mich, Afrom, damit es den Anschein hat, als sei ich von Euch überwältigt worden."

Der Jude begann Giersberg die Hände mit den mitgebrachten Stricken zu umwinden.

"Wer ist sonst noch im Hause?" fragte er hastig.

"Hier nebenan ist das Zimmer der Wirthin und in den Speicherkammern schlafen zwei Mägde; der einzige Knecht des Hauses hat seine Schlafstelle im Stall auf dem Hofe."

"Gut, sie sollen bald unschädlich gemacht werden."

"Denkt Ihr einen guten Fang zu thun?"

"Der Postkarren ist mit Geld vollgepfropft."

"Desto besser! Dann bereitet Euch vor, mir ein Anlehen zu machen, der Größe des Dienstes angemessen, den ich Euch jetzt geleistet. Ihr versteht mich, Afrom?"

"Vollkommen! Also noch immer in Geldnöthen?"

"Mehr denn je. Wo kann ich Euch treffen? wohl in Eurem alten Hause in Deutz?"

"Nein! Und daß ich ein Narr wäre, Euch meine Wohnung zu verrathen. Aber Ihr werdet wohl wieder im Hause Giersberg einkehren?"

"Ganz gewiß — wenn die Franzosen es nicht davongetragen."

"Gut! Also bis morgen Abend. Wir werden uns hoffentlich über die Procente einigen."

Giersberg wollte hierauf noch etwas erwidern, doch der Knebel des Juden hinderte ihn daran. Obgleich die Bande ihm nicht allzufest angelegt worden waren, so konnte er doch weder eine Bewegung machen noch reden. Afrom, dem es darum zu thun war, das obere Stockwerk so rasch als möglich in Ordnung zu bringen, um dann an dem interessantesten Theil der nächtlichen Arbeit, dem Ausleeren des Postkarrens, mitzuwirken, stieß den also Gebundenen hastig und durchaus nicht sanft zur Erde und bei Seite und trat fast in demselben Augenblick wieder auf den Flur, als die übrigen Räuber aus der Kammer der Wirthin, wie von den Speicherräumen zurückkehrten.

Dort war das Geschrei, nachdem es noch einmal laut und herzzerreißend ertönte — verstummt.

Die arme verzweifelnde Mutter, der durch den eigenthümlichen Auftritt an der Treppe eine kleine Frist geworden, hatte diese zu einem Thun benutzt, welches ihr die furchtbare Aufregung des Augenblicks plötzlich eingegeben. Mit einem raschen und kräftigen Ruck hatte sie das Bett etwas von der Wand entfernt und in den also entstandenen schmalen Raum die beiden, etwa drei und vier Jahre alten Kinder niedergleiten lassen. Diese hatten instinktmäßig begriffen, was die Mutter wollte und blieben still und ruhig in ihrem Versteck. Nachdem die Frau noch rasch eine der leichten Bettdecken über sie geworfen, ließ sie sich vor dem Bette auf die Kniee nieder und erwartete jammernd und händeringend die Räuber — ihre Mörder, wie sie meinte.

Jetzt stürmten zwei der Kerle in ihre Kammer. Laut schrie die Arme auf, doch schon im nächsten Augenblick traf sie ein entsetzlicher Schlag, der ihr Schreien in andere, jammernde Weh- und Klagelaute verwandelte. Dann wurde sie vollends zu Boden geworfen und unter fortwährenden rohen Mißhandlungen gebunden und geknebelt.

Noch schauten die Männer sich in dem Zimmer um, das aber keine andere Insassen zu haben schien, dann verließen sie die Kammer wieder.

Die mißhandelte blutende Frau aber lag auf dem Boden, unbeweglich und von furchtbaren Schmerzen gefoltert. Doch aus tiefstem Herzen dankte sie dem Herrn, daß ihren armen Kindern solche Marter, wohl gar noch

Schlimmeres erspart geblieben, daß sie, die Mutter, für die Kleinen leiden und dulden durfte.

Auf dem Flur stießen die Räuber auf ihre vom Speicher zurückkehrenden Kameraden, welche ebenso rasch mit den beiden Mägden fertig geworden, und mit Afrom stürmten dann alle die Treppe hinab und vor das Haus.

Im Dorfe war es noch immer still, obgleich es vor dem Wirthshause und auf der Gasse noch immer laut genug herging.

Die Nachbarn und andere Dorfbewohner, welche den Tumult ganz sicher vernommen, hatten sich durch das Schießen, das Schreien und Commandiren Fetzers so einschüchtern lassen, daß sie ihre Köpfe nicht unter den Decken hervorzustrecken wagten. Sie blieben also ruhig liegen, vollständig überzeugt, daß es größte Tollheit sei, sich in einen gefährlichen Kampf mit den kühnen, wohlbewaffneten und so zahlreichen Räubern einzulassen.

Noch standen Fetzer und der Engländer auf ihren Posten. Ersterer schritt in die Dorfgasse hinein, die armen zitternden Bauern höhnend und in immer größeren Schrecken versetzend. Schier ärgerlich wurde der muthige Bursche, daß sich gar nichts zeige, was da besiegt, vertrieben und unschädlich gemacht werden könne. Seine kleine Augen funkelten förmlich in der dunklen Nacht und die Flügel seiner Mohrennase öffneten sich weit im Gefühl seines Muthes und seiner Kraft.

Auf dem Postkarren stand nun der Weißgepuderte; die Stricke hatte er durchschnitten, die Ketten, welche den goldenen Schatz fesseln, ihm Sicherheit geben sollten, gelöst und endlich den Korb, welcher die Geldsäcke barg, geöffnet.

Mit lautem Jubel wurde dieser Anblick von den um den Wagen versammelten Räubern begrüßt und Müller begann nun Pack für Pack vom Wagen herab und den Männern zuzuwerfen.

Nun wandte auch Fetzer mit einer Geberde größter Verachtung der langen todten Dorfgasse die Kehrseite zu und schickte sich zum Rückzug auf das Hauptquartier an. Vorher jedoch feuerte er seine Pistolen noch einmal in die stille Gasse ab und während er sie von neuem lud, schrie er wieder commandirend und aus Leibeskräften: „Camarades, attention! — Haut les armes! — En joue! et au premier mouvement — faites feu!" Nun steckte er die Pistolen gelassen ein und trat zum Wagen. Mann für Mann bepackte er mit den schweren Geldsäcken und Packeten. Der Engländer folgte seinem Beispiel und in kürzester Zeit wurden alle Kerle so schwer mit dem gestohlenen Gelde beladen, daß sie unter ihrer silbernen Bürde ächzten und keuchten.

Jetzt wurde Ruben Simon, der im Hofe die Wacht hatte, als der letzte der Fehlenden herbeigerufen.

Dieser Räuber hatte mit scharfem Instinkt den Knecht in dem Pferdestalle gewittert und denselben durch

Drohungen gezwungen, seinen Aufenthaltsort zu verlassen und zu ihm heranzukommen, sich knebeln und binden zu lassen. Dies geschehen, war der Arme dann von dem Räuber mit dem Fuße in eine nahe schmutzige Lache gestoßen worden, in welcher er noch zu seinem Glück in eine Lage gerathen, die ihn vor dem entsetzlichen Tod des Erstickens bewahrte.

Die nächtliche Arbeit war gethan, das kühne Verbrechen begangen. Jetzt galt es, den Raub so rasch als möglich in Sicherheit zu bringen.

Alle Räuber, außer den vier Anführern standen schwer beladen, wie Packthiere da. Die Arme hatten sie voll Geldsäcke; auf den Schultern trugen sie die größten und schwersten; ihre Ledertaschen waren mit den kleinen Päckchen gefüllt und sie warteten nur auf das Zeichen zum Aufbruch, um ihren kostbaren Raub so rasch als möglich davonzuschleppen.

Jetzt begannen auf ein Zeichen Müllers alle Kerle und nach der Taktik der rheinischen und brabänter Räuber, ein letztes furchtbares Getöse. Ein Schreien, Fluchen und Singen in verschiednen Sprachen wurde laut, als ob die ganze Hölle losgelassen worden sei, während welcher Zeit drei der Anführer, Fetzer, Afrom und der Engländer mit einer merkwürdigen Geschwindigkeit die Wachslichter, welche im Hause brannten, auslöschten und entfernten.

Kaum war das letzte dieser Lichter erloschen, Haus und Gasse wieder in Dunkelheit gehüllt, als mit einem Male alles Geschrei verstummte und vollständige tiefste Stille eintrat, worauf die Bande, und auf ein Zeichen Müllers, sich lautlos, so unhörbar als möglich in Marsch setzte.

Eine halbe Stunde nur hatte der ganze nächtliche Auftritt gedauert, hatte es bedurft, um einen Raub auszuführen, der nicht allein als einer der kühnsten, sondern auch erfolgreichsten in den Annalen des rheinischen Räuberwesens bezeichnet wird, denn das geraubte Geld soll im Betrag von 50,000 Livres gewesen sein.

Mit wenigen Worten wollen wir nun noch die weitern Abenteuer der kühnen Räuber mittheilen und wie diese ihren Raub in Sicherheit zu bringen versuchten.

Mit Mühe gelangten die so schwer bepackten Männer vorwärts. Die Chefs, welche nebenher gingen, mußten sie mit Stöcken, als ob es beladenen Mauleseln gelte, zum raschen Fortgang antreiben. Auf dem Wege nach dem Rheine, nach Hittorf zu, zogen sie dahin. In einem kleinen Wäldchen, in der Nähe des letztern Ortes, machte die Bande endlich Halt und nun wurde zur Vertheilung der reichen Beute geschritten. Ein großes Leintuch, welches der Anführer, an Alles denkend, aus dem Wirthshause mitgenommen, wurde auf der Erde ausgebreitet und jedes Säckchen, jedes Packet, welches ohne Inhalts=

angabe war, auf das Tuch ausgeleert. Dies geschehen, begann Müller einem jeden der Räuber seinen Antheil mit seinem Hute zuzumessen, doch zuvor forderte er die tapfersten, als Fetzer, Afrom und den Engländer auf, sich selbst und nach Belieben von dem Gelde zu nehmen. Fetzer nahm sich — nach seinem eigenen späteren Geständniß — so viele Säckchen und Päckchen, daß er etwa 7000 Livres haben mochte. Müller füllte sich einen Sack mit Kronenthalern, der so schwer war, daß zwei Männer ihm denselben kaum auf die Schulter laden konnten.

Da nach dem begangenen Verbrechen ein Aufenthalt auf dem rechten Rheinufer für die Bande zu gefährlich werden konnte, so wurde beschlossen, über den Rhein zu setzen und so zogen denn die Räuber, beladen „zum Umfallen" weiter, dem Strome zu. Nur Afrom trennte sich von ihnen. Er hatte ein sicheres Asyl in Deutz, wo er unter seinem Vornamen und als ehrlicher Mann bekannt war, und er wußte recht gut, wo er sein Geld verbergen, sicher unterbringen konnte.

Am Rheine fanden die Männer einen Nachen; sie banden ihn los und setzten über den Strom, dessen anderes Ufer sie jedoch erst nach vielen Fährlichkeiten erreichten. Hier trennte sich die Bande. Müller und der Engländer vergruben ihr Geld, während Fetzer es kühn und trotzig mit sich führte und durch eine List auch glücklich an den französischen Commis oder Zoll-Soldaten vorüber, in die

Stadt brachte. Er hatte nämlich unterwegs ein Milch=
mädchen gefunden, dessen Gunst sich rasch zu erwerben
gewußt und dann seinen Schatz im Stroh des Karrens
verborgen und von seinem neuen unverdächtigen Schatz
durch die wohlbewachten Thore Kölns fahren lassen.

Mancherlei sonderbare Abenteuer noch hatten die
Räuber durch dieses kühne Verbrechen zu bestehen, welche
hier mitzutheilen außer dem Bereich unserer Aufgabe liegt.

Afrom war mit seiner schweren Last durch Felder
und Wiesen landeinwärts geschritten und der Wupper
zu. Er erreichte diesen Fluß endlich und fand in der
Nähe eines Dorfes auch glücklicherweise einen Nachen,
der ihn an das andere Ufer brachte. Nun versuchte er
die Landstraße zu erreichen. Keuchend und schweißtriefend,
weil allzuschwer mit Kronenthalern beladen, kam er nur
langsam vorwärts und fiel, da er die Straße wieder
erreicht, förmlich entkräftet und erschöpft zu Boden. Es
war dies jenseits des Dorfes Küppersteg und da wo die
Straße über das kleine Flüßchen Dhün führt. Hier
befand sich für Fußgänger eine Fähre, während fast
alles Gefährt, Personen= und Frachtwagen, durch eine
gute Furth das seichte Wasser passirten. Afrom wollte,
nachdem er sich ausgeruht, durch die Furth die feste Straße
wieder zu gewinnen suchen. Noch lag er da, sich den
Schweiß abtrocknend und nach ruhigem Athem ringend,
als er durch die Dunkelheit auf der andern Seite des

Wassers eine Gestalt zu sehen vermeinte, welche sich langsam und wie suchend am Ufer auf und ab bewegte.

Der Jude schrak zusammen. Wer konnte das sein, zu dieser Stunde? — Wenn er jetzt verrathen wäre, entdeckt, ergriffen würde — es wäre entsetzlich!

Seine Sehkräfte strengte er an, um die Gestalt besser zu erkennen, doch es gelang ihm nicht. Endlich ließ die peinigende Ungewißheit ihm keine Ruhe mehr. Er raffte seine mit Geld gespickte Ledertasche wieder auf und begann gebückt, fast kriechend die Furth zu durchwaten. Ungesehen hatte er das jenseitige Ufer erreicht. Jetzt kauerte er sich nieder, denn die Gestalt näherte sich langsam der Stelle, wo er weilte.

Schon faßte der Jude eine Waffe, um wenn nothwendig, sofort Gebrauch davon zu machen. Finster blickten seine Augen, im Einklang mit den Gedanken an Mord und Blut, die seine Seele bewegten. Doch plötzlich ließ er die Hand sinken, sein Gesicht überflog ein grinsendes Lächeln, während seine Brust freudig aufathmete. Er hatte den nächtlichen seltsamen Wanderer erkannt.

Es war der alte weißhaarige Bettler, der arme Tolle, dem er, plötzlich vom Boden sich erhebend, gegenüberstand.

Der Alte fuhr zusammen, als er seinen Herrn erblickte und erkannt, doch war es eine ziemlich freudige Bewegung.

„Du bist mir wohl gefolgt, alter Bursch, hattest wohl Furcht, daß ich Dir entliefe?" sprach Afrom lachend zu dem Bettler, als ob dieser ihn verstehen könne, „und hast mich hier erwartet? Das war sehr gescheidt von Dir! Ich kann nicht mehr, und so trage Du meinen Geldsack; ich will nebenher gehen und Dir Kraft machen und schon darüber wachen, daß Du mir nicht davonläufst, mich nicht bestiehlst — wie Herzchen Schuster!"

Dabei hatte er dem Alten die übermäßig schwere Ledertasche um den Hals gehängt, daß dieser unter der Last förmlich zusammenknickte und einen schmerzhaften klagenden Laut ausstieß. Doch der Jude achtete nicht darauf; er fühlte sich von einer drückenden Bürde befreit und unbarmherzig begann er den Alten zum Weitergehen anzutreiben.

Bald hatten beide Männer die Höhe der Straße erreicht und rasch schritten sie auf derselben dahin, dem noch etwa zwei Stunden entfernten Deutz zu.

Der Bettler war in der That, wohl von demselben Instinkt getrieben, der ihn zu dem Juden geführt, diesem nachgezogen bis an den kleinen Fluß, der seinem Weiterbringen ein für ihn unübersteigliches Hinderniß entgegengesetzt. Hier hatte er lange Stunden zugebracht, bis ihn endlich der Zufall wieder mit seinem Herrn und zu dessen größter Freude und Erleichterung zusammengebracht.

Der Morgen war bereits angebrochen, als beide Männer müde, erschöpft in der Nähe ihres Wohnorts angekommen. Schon war Leben in dem Orte und man konnte einzelne Bewohner hinaus auf die Felder ziehen sehen zu ihren ländlichen Arbeiten.

Es war für Afrom ein wahres Glück, daß er den Bettler getroffen, denn er wäre nicht im Stande gewesen, seine schwere Last heimzubringen, ohne zu verrathen, daß sein Ledersack Ungewöhnliches berge. Er beschloß daher, den Bettler einige Schritte vor sich her gehen zu lassen. Begegnete ihm dann Jemand, so konnte er ja thun, als ob der weißhaarige Mann mit seiner verdächtigen Last, den in Deutz überdieß Niemand kannte, ihn nichts anginge. Er suchte also dem Alten durch Worte und Zeichen begreiflich zu machen, was er von ihm wolle, was dieser auch überraschend schnell zu verstehen schien, denn sofort erhob er sich und wenn auch keuchend und gebückt, so schritt er doch voran und dem Gäßchen zu, das nach Afroms Wohnung führte.

In einiger Entfernung hinter ihm drein ging der Jude, den Bettler mit seinem silbernen Schatze nicht aus den Augen lassend, bis Beide endlich zwischen den Hecken und Gärten des Ortes verschwanden.

War dies klug erdachte Manöver auch noch so glücklich ausgeführt worden, so hatten dennoch einige Leute den dahinkeuchenden Weißkopf mit seinem unnatürlich schweren Ledersacke bemerkt. Das Aeußere, das Gebaren des Alten war auch zu auffallend gewesen, als daß es nicht allenthalben hätte Aufmerksamkeit erregen müssen. Unter den Personen, welche erstaunt dem unbekannten alten Manne nachschauten, war auch ein Knecht der Wirthschaft zur „Landskrone" gewesen, in welchem Hause sich zugleich die Post befand und von wo gestern Abend der nunmehr seiner reichen Fracht beraubte Wagen abgefahren. Dieser hatte den Alten ziemlich genau gesehen und kopfschüttelnd und lächelnd über die sonderbare Gestalt war er weiter, seiner Arbeit nachgegangen.

Gar eigenthümliche Folgen sollte diese flüchtige Begegnung haben.

Der Raub auf dem Langenfelde machte, als er am andern Morgen bekannt wurde, das größte und nach und nach allgemeinste Aufsehen. Die Gerichte kamen, inquirirten, protokollirten Alle, die zugegen gewesen und über Alles, was und wie es vorgegangen, und nachdem sie manchen schönen Bogen Papier vollgeschrieben, zogen sie wieder heim, im Grunde so klug wie zuvor. Doch nein, das Bewußtsein, die Ueberzeugung nahmen sie mit, daß das viele schöne Geld gestohlen, verschwunden und vollständig verloren sei. Die Ueberfallenen konnten nicht viel aussagen und der fremde Herr mit dem sonnenverbrannten Gesicht, der wohl etwas hätte sagen können, hatte wieder seine guten Gründe, gar nichts zu sagen und zu schweigen. Nur der arme unglückliche und mißhandelte Wirth gab zu Protokoll, daß der Anführer der Räuber weißgepudertes Haar gehabt habe und von einem der Spitzbuben „Müller" genannt worden sei, und daß dies ganz gewiß sein rechter Name gewesen wäre. Wie indessen sein Gesicht ausgeschaut, vermochte er nicht anzugeben, da er den Furchtbaren eigentlich nur von rückwärts gesehen.

Dabei blieb es vor der Hand. Die Post und die Geldabsender waren eben bestohlen. Sie durften sich indessen mit dem Gedanken trösten, daß wenn man einstens auch die frechen Thäter entdeckt und zur Rechenschaft gezogen haben würde, ihr schönes Geld aber nun und nimmermehr bei ihnen zu finden sein dürfte.

Und so war es auch; die Folge hat es hinlänglich bewiesen.

Achtes Capitel.
Das Blatt im Buche — eine altkölnische Idylle.

> „Ich hab' eine alte Muhme,
> Die ein altes Büchlein hat.
> Es liegt in dem alten Buche
> Ein altes, dürres Blatt.
>
> So dürr sind wohl auch die Hände,
> Die einst im Lenz ihr's gepflückt.
> Was mag doch die Alte haben?
> Sie weint, so oft sie's erblickt."
>
> Anastasius Grün.

Nach dem im vorigen Capitel geschilderten Nachtstück muß ich den Leser nun an einen stillen, ruhigen Ort führen, ihm ein Bild des Friedens, der entsagenden, gestorbenen, wie auch wieder einer jungen frischgrünenden Liebe zeigen.

Es ist ein Stübchen, mehr lang wie breit. Zwei hohe Fenster mit kleinen in Blei gefaßten Scheiben, nur durch einen roh gemeißelten Stein getrennt, gaben ihm hinlängliches Licht. Weiß getüncht sind die Wände und von gleicher, blendender Weiße die einfachen Vorhänge an den Fenstern, so wie die des Bettes, welches am Ende des Raumes, dem Fenster gegenüber steht. Einfach sind die wenigen Möbeln, aus einem Tischchen, ein paar Rohrstühlen, einem gleichen Sessel mit hoher Rücklehne, auf dem noch zwei Kissen mit bunten Ueberzügen liegen, und einer alten verschnörkelten Kommode bestehend, deren Messingbeschläge indessen wie Gold glänzen und blinken. Noch sieht man zwei einfache Schränke, welche wohl Kleidungsstücke und Eß- und Kaffeegeräthe bergen. Auf dem Tische liegt eine buntgeblümte „Spreite," auf ihr erhebt sich und vor dem Steinpfeiler, der die beiden Fenster trennt, ein großes Kruzifix, das ein wahres Kunstwerk genannt zu werden verdient und der einzige Luxusgegenstand des Raumes ist — wenn man ein solches heiliges Object überhaupt zu Derartigem zählen darf. Von dunklem rothgeadertem Holze ist das kunstvoll gearbeitete Kreuz, von gelbweißem Elfenbein die wunderschön geschnitzte Figur des Erlösers. Ein grüner geweihter Palmzweig giebt dem Ganzen noch eine eigenthümliche, doch fromme Zierde. Noch stehen auf dem Tische und zu Seiten des Kreuzes zwei große Blumensträuße in einfachen Porzellanvasen und geben dem Tischchen, auf dem noch verschiedene abgegriffene Gebetbücher und Rosenkränze liegen, das Aussehen eines Altars. An einer der weißen Wände hängen in dunklen Rahmen verschiedene Bilder, die Mutter Gottes und Scenen aus der Passion darstellend. Sie sind ebenfalls mit Blumen und Palmzweigen geschmückt, wie auch das einfache Kreuz mit seinem Weihwasserbehälter, welches man durch die leichtzusammengezogenen Vorhänge des Lagers erblickt. Der saubere Fußboden ist mit weißem Sande bestreut und vor dem Fenster stehen noch einige blühende Topfpflanzen. Einen Hof erblickt man, dann einen sich nach der Ferne hinziehenden Garten, welcher von dem der Nachbarbehausung durch einen verfallenen und stellenweise lückenhaften Plankenzaun getrennt ist. Durch die kleinen Scheiben, die grünen Blätter und bunten Blüthen, sendet die Sonne ihre goldenen Strahlen in diesen stillen und doch so freundlichen Raum, der einen tiefen Frieden, eine Ruhe athmet, die jedes Menschenherz erfreuen und erquicken müssen.

Es ist ein Stübchen in einem Frauen-Couvent, in der Sternengasse gelegen, das ich flüchtig zu schildern versucht, eine jener halb weltlichen, halb geistlichen klosterartigen Stiftungen, an denen die heilige Stadt Köln damals so reich war, deren Bewohnerinnen in der Volkssprache etwas derb „Couvents-Möhne" genannt wurden und in klösterlicher Eingezogenheit lebten, eine Art von Nonnenkleidung trugen, ohne dabei durch irgend ein Gelübde fest und unwiderruflich an die Kirche gebunden zu sein. Es waren meistens alte „Juffern," doch auch verheirathet gewesene Frauen, welche in der Stille und Einsamkeit der Couvente die Ruhe für ihre letzten Lebenstage suchten und meistens auch fanden.

Die Inhaberin der kleinen Zelle ist eine Frau von

etwa sechszig Jahren und eine Erscheinung, die vollständig im Einklang steht mit dem überaus freundlichen und stillen Raume.

Sie sitzt zur Stunde auf den Kissen des hohen Rohrsessels, in der Hand eines der abgegriffenen Bücher. Rock und Jacke sind von schwarzem Tafft und über Schulter und Brust faltet sich ein einfaches Tuch, weiß wie die Haube, deren krausgefälteter Streif das Gesicht vollständig einrahmt. Die Gestalt ist klein, doch recht rund und gesund stellt sie sich dar, wie auch das Antlitz, welches unwillkürlich an Holbein'sche altdeutsche Frauenportraits erinnert. Frisch ist seine Farbe und noch immer zeigen die Wangen eine fast jugendliche Röthe, die indessen nur durch kleine Linien gebildet wird. Grauweißes Haar schmiegt sich zu beiden Seiten an die noch ziemlich glatte Stirne und die Augen haben noch hellen Glanz und blicken über die große Hornbrille überaus freundlich und zufrieden den etwaigen Beschauer an.

Es ist die Tante Göbbels, deren Heinrich und Goldengel in einem früheren Capitel erwähnten, und eine ältere Schwester des ehemaligen kurkölnischen Gewaltrichters.

Sie scheint in dem Buche zu lesen, doch wendet sie die Blätter nicht, und sinnend schaut sie eine lange Weile auf eine und dieselbe Stelle. Nun fährt sie sich langsam mit der Hand über die alten Augen, als ob sie eine stille

Thräne entfernen wolle, klappt dann langsam das Buch zu, legt es hin und horcht, denn draußen auf dem Gange sind leichte Tritte hörbar geworden. Jetzt öffnet sich die Thüre und ein junges Mädchen erscheint in derselben.

Es ist Goldengel. Leuchtenden Auges schaut die Eingetretene auf die alte Frau, die diesen Blick mit einem gleichen erwidert, der wahre mütterliche Liebe und Herzlichkeit, doch auch wieder etwas Schalkhaftigkeit zeigt. Dann eilt das Mädchen auf sie zu, und die Alte froh umfassend, küßt ihr frischer Mund deren freundliches Antlitz, sie mit herzlichen Worten und ebenfalls als Tante begrüßend.

„Nun, was giebt es denn, Goldengelchen? Du scheinst mir ja ganz ausgewechselt! Hast Dich gestern wohl gut auf der Kirmes amüsirt, gar getanzt, he?" So spricht sie freundlich und zugleich dem Mädchen lächelnd doch ziemlich scharf in die Augen sehend.

„Es war so schön in dem großen grünen Garten, Tante! — bis auf einen kleinen Unfall, der indessen auch wieder sein Gutes hatte."

„Und wer war denn Schuld an dem Unfall, und was und wer hat ihn dann wieder zum Guten gewendet? Doch nicht etwa der Heinrich — ich will nicht hoffen?"

Goldengel erzählte nun flüchtig, was sich Alles im Pantaleons-Wingert begeben, bis auf ihr Gespräch mit

Heinrich. Hier stockte, erröthete sie, doch blickte sie die Tante dabei so treuherzig an, daß diese, ihr sanft auf die Wangen klopfend, fortfuhr:

„Brauchst Dich nicht zu schämen, mein Kind, und gar roth zu werden, der Heinrich ist eine brave treue Seele, und wenn Du ihm gut bist, so verdient er es auch! Es würde mich ganz glücklich, mein altes Herz wieder jung machen, wenn ich Euch Beide, die ich wie meine Kinder, und so über Alles liebe, einig, Eure reinen Herzen in Treue und Liebe verbunden sehen könnte! Sage mir, Engelchen, wie Du mit ihm stehst, denn daß etwas Ungewöhnliches zwischen Euch vorgefallen sein muß, ahne, fühle ich."

„Ja, Tante," flüsterte das Mädchen, ohne den selig lächelnden Blick von dem guten Antlitz der Alten abzuwenden, „ich bin dem Heinrich immer — immer gut gewesen, aber gestern —"

„Nun gestern?"

„Hab' ich es ihm — wenn auch nicht just mit Worten gesagt — doch so deutlich als möglich zu verstehen gegeben."

„Wenn Dein Mund es auch nicht ausgesprochen, mein Kind, so wird er gewiß die Sprache, welche Dein Herz zu ihm geredet, verstanden haben!"

„Ja, Tante," rief plötzlich eine andere jugendliche und froh erregte Stimme vom Eingang her, „wie hätte ich die und was ihre Blicke mir sagten, nicht verstehen sollen? Und jetzt soll ihr Mund es mir wiederholen, denn ich bin seit gestern ein ganz anderer Mensch geworden. Fort ist alle Schüchternheit, und noch eins so stark, so froh und so glücklich fühle ich mich, seit ich weiß, daß Du mich liebst, Du mein herziges, goldiges Engelchen!"

Es war der junge Göbbels, der eingetreten, die letzten Worte des Mädchens also beantwortet, und nun auf die kleine Gruppe zueilte.

Goldengel hatte ihr brennendes Antlitz bei den enthusiastisch ausgesprochenen Worten des jungen Mannes an der Brust der alten Frau geborgen. Jetzt kniete Heinrich neben ihr, die Hände nach ihr ausgestreckt, den bittenden Blick bald nach ihr, bald auf das von wahrer Freude verklärte gutmüthige Gesicht der alten Tante gerichtet.

„Rede, Goldengel! sieh mich an und laß Dein Herz sprechen; es wird mir schon die rechte Antwort geben. Aber sprich, um Gotteswillen sprich zu mir!"

So bat und flehte der junge Mann. Die Alte aber wandte langsam das blonde Köpfchen des Mädchens zu dem Knienden hin, und während dieser die zarte Gestalt umfaßte, einen berauschenden Blick reiner und seliger Liebe empfing, flüsterte zugleich ihr Mund ihm zu:

„Ja, Heinrich, ich bin Dir gut! — ich liebe Dich von ganzem Herzen — jetzt und bis in alle Ewigkeit!"

Zugleich sank sie neben ihm auf die Knie, und die schönen blauen Augen, denen leise reichliche Thränen entquollen, zu der alten Frau gewendet, hauchte sie, die Hände gefaltet, ihr zu:

"Euren Segen, Tante! — nein, Mutter!

Jetzt konnte sich die Alte nicht mehr halten. Nachdem sie ihren Thränen gewehrt, sprach sie mit einem Blick nach oben, der dann voll und mit wahrhaft frommen Ausdruck sich auf das junge Paar niedersenkte:

"Ich segne Euch, Kinder, wie Deine Mutter, Angela Dich segnen würde, wenn sie jetzt zugegen wäre — wie die Deinige, mein lieber Heinrich, Dich segnet, die dort oben, im Kreise der Seligen weilt, und zur Stunde gewiß auf Dich, auf uns Alle herniederschaut. Der Herr des Himmels und der Erde sei mit Euch und Eurer Liebe, jetzt und bis an das Ende Eurer Tage — Amen!"

Doch das "Amen" wiederholten die beiden Glücklichen wohl nur in der Tiefe ihrer Herzen, denn mit ihren Armen hielten sie sich umfangen, ihre Lippen hatten sich genähert, und ein erster reiner Kuß einte wie diese auch ihre Herzen und Seelen zu einem festen heiligen Bunde, sie jetzt schon unendlich glücklich machend, und ihnen zugleich einen Lichtblick gewährend in die Freuden, die ihrem Leben noch erblühen sollten.

Die alte Frau aber blickte mit verklärtem Antlitz

bald aufwärts, bald wieder auf das junge Paar, und die Hände gefaltet, betete sie still und unter Thränen zu Dem dort oben für das fernere Glück ihrer Lieblinge, und daß Er in seiner Gnade zur vollen Wahrheit werden lasse, was ihre jungen Herzen jetzt wohl ahnend erfüllte — ein Glück, das auch ihr Herz einstens, vor langer — langer Zeit gehofft und geträumt, das aber nimmer, nimmer für sie in Erfüllung gegangen.

„Die Fülle des Erdenglückes, wie Du mir es einstens verheißen, Herr, und das mir nach Deinem weisen Rathschluß nicht geworden, laß sie es finden auf ihrem Lebenswege; lasse sie glücklich werden in Treue und Liebe, daß ihnen der Himmel, auf den ich hoffe und harre, schon hienieden auf Deiner schönen Erde werde!"

So betete sie stille, während die Glücklichen in dem Austausch ihrer reinen Gefühle, in dem Jubel ihrer Herzen einen Freudenhymnus ihrem Schöpfer weihten, der wohl das schönste Gebet war, das Menschenkinder ihrem ewigen Vater darzubringen vermögen. — —

Wenige Augenblicke später sitzt das junge Paar Hand in Hand vor der guten Alten, die zu ihm spricht: die ersten Aufwallungen sind vorüber, die Freudenthränen getrocknet, und Beide horchen still auf das, was die alte Frau ihnen sagt.

„— Und nun Kinder haltet fest an Eurer Liebe, jetzt wie immer! Was auch kommen mag, was sich auch rauh und kalt zwischen Euch drängt, bekämpft es vereint und opfert nicht Euer junges Leben und sein schönes Glück kaltem, berechnenden Menschensinne. Weicht und wankt nicht, und ihr werdet — müsset siegreich aus dem Kampfe hervorgehen. O hätte ich also gethan, ich brauchte dann nicht einsam durch das Leben zu gehen! Auch ich war einstens jung, auch ich hatte ein Herz, das warm schlug und fühlte und sich an der schönen Gotteswelt erfreute, das ein treues liebes Herz gefunden hatte, und in der festen Vereinigung mit diesem das schönste Glück des Lebens zu erringen hoffte. Da zerstörten rauhe Menschenhände in Härte und blinder Selbstsucht den heiligen Tempel der Liebe, den wir uns aufgebaut und fest für die Ewigkeit gewähnt. Gewaltsam wurden wir von einander gerissen, und in unserer Zaghaftigkeit ließen wir es geschehen. Der Tod, mitleidiger als die Menschen, welche uns nahe standen, erlöste bald das eine Herz von seinen Leiden, während das andere, das doch so empfänglich war für die Freuden dieser schönen Welt, Allem entsagend, in stiller Einsamkeit Ruhe und Trost zu suchen, verurtheilt ward. — Und doch hätten wir so glücklich sein können! —"

Die beiden jungen Leute schauten so theilnehmend zu der guten Tante auf, die noch nie also zu ihnen gesprochen. Hand um Hand geschlungen, saßen sie da, und ihre Blicke forderten die Alte auf, ihnen mehr von diesem

Lieben, diesem Hoffen, das nun längst verdorrt und abgestorben, zu sagen, auf daß ihr junges Glück sich daran stärken, waffnen könne gegen etwa hereinbrechendes Ungemach.

Die Alte schien sie verstanden zu haben; nach einer kurzen Pause der Sammlung fuhr sie fort:

„Es ist eine einfache Geschichte, doch will ich sie Euch erzählen, und wie das Alles gekommen. Ein Beispiel könnt ihr Euch daran nehmen, zu Eurem Glücke nützen, was mir widerfahren und mich um das meinige, um mein ganzes Leben gebracht. Hört!"

„Ich war die Aelteste unter den Kindern des Hauses, mein Bruder, Dein Vater, Heinrich, kam nach mir. Auf der St. Johannisstraße, in unserer elterlichen Wohnung, die auch die Deinige ward, mein Sohn — verlebten wir unsere schöne sonnige Jugendzeit. Einen lieben Gespielen hatte ich in dem Sohne einer armen Wittwe, die neben uns in einem Dachstübchen wohnte und sich durch ihrer Hände Arbeit schlicht und recht, doch kümmerlich nährte. Mein Kamerad Konrad war ein braver Junge, und tausend Züge seiner Herzensgüte, seiner innigen Liebe zu seiner guten Mutter — zu mir, die ich ihn doch immer und so gern neckte, könnte ich Euch erzählen. Doch genug' wir wuchsen zusammen auf, wurden größer, und aus dem Knaben wurde ein junger und hübscher Bursche, wie aus dem tollen und wilden Mädchen eine Jungfrau — die auch recht hübsch gewesen sein soll. — Ja, Kinder, schaut die alte Frau nur nicht so ungläubig lächelnd an, es war so wie ich Euch sage. Freilich sieht man das jetzt nicht mehr, denn seit jener schönen goldenen Zeit mögen wohl weit über vierzig Jahre vergangen sein, und das verändert ein Menschenantlitz, besonders wenn noch heimlicher Kummer mit der Zeit im Bunde ist. — Doch hört nur weiter! Mit uns Beiden geschah, was nicht ausbleiben konnte; aus dem Konrad und mir wurde ein Pärchen, das sich Treue für's Leben schwur, und in seiner Liebe so glücklich war, daß es keine Augen mehr hatte für die übrige Welt und die Menschen — und das war sein Unglück!

„Wir wurden älter. Mein Konrad hatte das Tischlerhandwerk erlernt, war Geselle geworden und dann auf die Wanderschaft gegangen. Drei Jahre blieben wir getrennt; ich hörte nichts von ihm, doch blieb ich ihm treu, wie er mir treu war, das wußte ich. Manchen schmucken Freier scheuchte ich durch mein trotziges Wesen von einer Werbung ab, zum Aerger meines Bruders, der inzwischen das Haupt der Familie geworden war, da unsere Eltern — der Herr habe sie selig! — unter der Zeit beide gestorben. Endlich kehrte Konrad heim; er war ein Mann geworden, wie man sich keinen schöneren, schmuckeren denken konnte. Und gut, seelengut war er geblieben, seiner alten Mutter und auch mir. Wir hatten unsere Liebe bis jetzt so geheim als nur möglich gehalten, was zu unserm schönen Glücke nicht wenig beigetragen. Konrads Mutter allein war unsere Vertraute. Jetzt aber sollte unser Verhältniß an den Tag kommen. Ein neuer und sehr reicher Freier präsentirte sich und wollte sich durchaus nicht abweisen lassen. Es war ein Freund meines Bruders, und bei diesem warb er denn auch, trotz aller Abneigung, die ich ihm gezeigt, um meine Hand. Mein Bruder machte den Freiwerber bei mir; ich schlug den Antrag rundweg ab, und sagte ihm Alles, und daß ich den Konrad, und nur ihn, heirathen würde. Mein Bruder war außer sich. Er hatte den Konrad schon als Knaben nie recht leiden mögen, jetzt spie er Feuer und Flammen. Ein simpler Tischlergeselle, der keine eigenen Mittel zum Meister- und Bürgerwerden hatte, sollte sein Schwager werden, da er schon ein Mann in Amt und Würden war? Nimmermehr! lieber wollte er mich, den Konrad, uns Alle verderben! — Und er hat getreulich gehalten, was er mir in jener harten Stunde angedroht."

Die Alte hielt inne, um sich verstohlen eine Thräne zu trocknen, und mit gespannter Aufmerksamkeit, so recht innig aneinander geschmiegt, horchten die beiden jungen Leute dem einfachen Bericht, der sie und ihre jungen Herzen doch so tief ergreifen mußte.

Endlich fuhr Tante Göbbels fort:

„Jetzt kam das Unglück über uns! — Wir hätten

ihm trotzen, es abwenden können, wenn wir nicht so viel
auf die Welt gehorcht und frischweg unsern eigenen Weg
gegangen wären. Doch dazu waren wir, leider! — zu
schwach, zu befangen im Vorurtheil unserer einseitigen bürgerlichen Sitten. Das erste Weichen war unser Untergang.
Konrads Mutter wurde aus dem Hause, wo sie so lange
stille und fast umsonst gewohnt, gewiesen. Sie sollte Köln
verlassen, weil sie eine Ausländerin war, und trotzdem daß
ihr Konrad in der Stadt geboren. Es war eine Ungerech-
tigkeit, doch der wohlweise Rath hatte seine Hände hergeben müssen, eine solche in's Werk zu setzen. Die Zunft
machte dem Konrad Schwierigkeit, der doch in Köln sein
ehrsames Handwerk gelernt, als Geselle los- und freige-
sprochen worden war, seine Wanderjahre nach Brauch und
Herkommen gehalten hatte, ihn zum Fertigen des Meisterstücks
zuzulassen. Hindernisse, harte Abweisungen stürmten von
allen Seiten auf ihn ein und brachten den Armen fast zur
Verzweiflung. Zugleich wurde mir von meinem Bruder,
meinen zahlreichen Verwandten, den redefertigen Tanten
und Basen, und noch ganz besonders von einem geistlichen
Herrn Ohm, der Canonicus in St. Aposteln war, gar zu
arg zugesetzt. Da wurde von der Schande gesprochen, die
ich der angesehenen und reichen Familie Göbbels bereite,
als ob wir nicht genug zünftige Handwerker in der Familie
zählten — als ob mein armer Konrad mit Hülfe meines
Erbtheils, nicht auch ein tüchtiger Meister hätte werden

können! — In's Gewissen wurde mir von dem geistlichen Herrn Ohm geredet, der mich der Hölle schon jetzt und für immer anheimgefallen erklärte. All' mein Flehen, mein Sträuben half nichts; befangen wie ich war, konnte ich auf die Dauer nicht widerstehen — es war nicht möglich! — meine Kräfte erlahmten nach und nach, und endlich — endlich willigte ich in die Trennung von meinem armen — lieben Konrad. — — Es war ein Abschied, so traurig! doch mußten wir uns Lebewohl sagen. Nur durch Thränen und Blicke, den Druck unserer zitternden Hände geschah es. Ich meinte zu sterben und er auch! Sein Leid war schier noch größer und tiefer als das meinige, und ich mußte in meinem Weh und Schmerz noch Worte suchen, um ihn zu trösten. Doch es gab keinen Trost mehr für ihn, wie keinen für mich. Es mußte eben geschieden sein. Ein letzter Kuß, ein letzter Druck der Hand — ich hatte kein Herz mehr ihn anzusehen! — und als ich wieder aufschaute — war er fort — mir verloren für immer! — und ich allein — einsam und unglücklich für immer und ewig! —"

Die Alte weinte laut auf bei diesen so lebhaft heraufbeschworenen Erinnerungen. Doch nicht mehr allein und einsam war sie. Zu ihren Füßen saß ein junges Paar; zwei Herzen weilten bei ihr, die sie verstanden, mit ihr fühlten, und durch ihre Theilnahme, ihre stillen Thränen der Armen einen Trost gewährten, der ihr bis jetzt noch nicht geworden.

„Mein harter Bruder hatte sein Ziel erreicht, er brauchte nicht mehr der Schwager eines armen Gesellen zu werden, doch weiter erreichte er nichts. Allem Zureden widerstand ich, kein Freier fand Gehör, und in Treue lebte ich meinem armen geschiedenen Freunde. Jahre — lange Jahre des tiefsten Weh's und Leid's verlebte ich in der Erinnerung an ihn — ohne irgend eine Nachricht, eine Kunde. Da endlich, es war Anno 1764, erfuhr ich sein ferneres trauriges Schicksal, und daß er mir vorangegangen, um meiner dort oben zu harren, wo es keine Trennung durch kalte herzlose Menschen mehr giebt.

„Mit wenigen Worten will ich Euch sagen, wie es dem Armen ergangen.

„Konrad war mit seiner alten Mutter nach den Niederlanden, wo jene daheim gewesen, gezogen. Doch die Frau hatte all' das Leid, das über sie und ihren braven Sohn gekommen, nicht ertragen, überleben können; sie war kurz nach ihrer Ankunft in Holland gestorben, und in der Erde ihrer Heimath zur ewigen Ruhe gebettet worden. Nun hielt es Konrad nicht mehr; er nahm Dienste bei dem Preußenkönig, der damals gegen die Franzosen kämpfte. Doch lange machte er den grausamen Krieg nicht mit; er suchte den Tod und fand ihn auch bald. In einer mörderischen Affaire bei Hameln, im Lande Kalenberg, am sechsundzwanzigsten Juli des Jahres 1757 war es, da traf ihn eine feindliche Kugel mitten in die Brust. Auf dem blutigen Rasen lag er mit noch vielen anderen armen Menschenkindern, die in ihren letzten schweren Augenblicken nach ihren Müttern — nach dem, was sie am liebsten auf dieser Welt gehabt, riefen und jammerten. Er dachte an mich! — Ein Lebewohl — einen letzten Gruß und ein Zeichen, daß er — vor dem Sterben meiner gedacht, wollte er mir senden. Neben ihm lag ein Soldat eines andern Regiments — er hatte ihn nie zuvor gesehen, doch ein solcher Augenblick macht alle Menschen zu Freunden! — Der Mann war wohl schwer, doch nicht tödtlich verwundet. — Aus Konrads Brust floß das rothe Blut in Strömen und netzte das Gras und die grünen, zertretenen Blätter rings umher. Mit einem letzten Aufwand seiner Kräfte — riß er ein solches Zweiglein, das von seinem Herzblut noch gefärbt war, aus dem Boden — gab es seinem verwundeten Kameraden, und als dieser ihm heilig versprochen, es bewahren, und wenn er nicht sterben würde, auch getreulich besorgen zu wollen — da nannte er ihm meinen Namen — trug ihm auf, es mir mit seinem letzten — Herzensgruß zu geben, mir zu sagen — daß er in dieser, seiner schwersten Stunde an mich — und immer nur an mich gedacht, und daß er meiner — dort oben harren werde. — Der letzte Hauch, der von seinen blutigen Lippen kam, war — mein Name: — „auf Wiedersehen — Mariechen!" — dann starb er, das brechende Auge nach der scheidenden Sonne — nach Westen, der Gegend, wo er mich wußte

— gerichtet! — Der arme Blessirte drückte dem Todten die Augen zu, steckte das blutige Zweiglein unter seine Soldatenjacke, und gelobte das Versprechen des Geschiedenen zu erfüllen!

„Und der wackere Mann hat sein Gelöbniß gehalten. Er wurde auf dem Schlachtfelde gefunden, in ein Spital geschafft und geheilt. Dann machte er noch manche Schlacht, den ganzen blutigen Krieg mit. Nach dem Frieden aber bettelte er sich heim. Auch er hatte Eltern und eine Braut in den Hannöverischen Landen, die wiederzusehen sein einziger Gedanke war. Aus dem fernen Böhmen kam er, doch scheute er den Umweg nicht, und zog zuerst an den Rhein, nach Köln.

„Nach langem Suchen fand er mich. Als Bettler stand der arme Mann vor mir, nur nothdürftig von seinen vielen Wunden geheilt. — Er sagte mir Alles, was ich Euch erzählt — brachte mir den letzten Gruß — meines armen — lieben Konrads, und sein blutiges Liebeszeichen. Doch das Zweiglein war längst verdorrt, und so gut, so heilig der brave Mann es auch aufbewahrt — ein Theil nach dem andern war verloren gegangen, und nur ein einziges letztes Blättlein vermochte er mir noch zu geben. Doch das war mir schon genug; kam es doch von ihm, und — war es doch benetzt von seinem Herzblut! — Ich habe es nie — nie mehr von mir gelassen, und heute noch ist das arme Blättchen mein allergrößter Schatz! — Ihr sollt es schauen, Kinder, seht her!"

Dabei hatte sie das alte abgegriffene Büchlein zur Hand genommen, es geöffnet, und da lag ein kleines dürres Blättlein, braun und welk — der letzte Ueberrest einer einstigen schönen und so reichen Liebe! —

———

Eine lange Pause trat ein, in der keines der Drei sprach. Ihre Herzen waren zu voll, und wie die Alte, so weinten auch die zwei jungen Leute stille Thränen, die beredter als alle Worte der Dulderin sagten, daß sie volles Verständniß ihres Weh's und innigste Theilnahme gefunden.

Endlich sprach die Alte weiter:

„Ich ließ den armen Mann sobald nicht von mir. Oftmals mußte er mir Alles — Alles wiederholen, dann endlich als ich ahnte, was er mir nicht auszusprechen wagte, daß er sich nach den Seinigen sehne, da entließ ich ihn, doch so reich beschenkt, daß er daheim ein dauerndes Glück sich zu gründen im Stande war. Mein Entschluß aber war gefaßt. Der Welt wollte ich entsagen und fortan nur mir und der Erinnerung an den Geschiedenen leben. Ein strenges klösterliches Leben wählte ich nicht, sondern diese stille Zelle, die ich von jener Zeit an bewohne. Hier habe ich die Ruhe gefunden, das Vergessen meines Leid's, wonach ich so unabläßig gerungen, so wie auch die Kraft Allen, die mir — und Ihm — so wehe gethan, zu verzeihen. Hier hoffe ich auch zu sterben. Sein letztes Liebeszeichen, hier dies dürre Blatt, soll auf meinem Herzen, mit mir in meinem Sarge ruhen und mein letzter Hauch ein Gruß sein an Ihn! — Und ich scheide gern, Kinder, habe ich doch in meinem Glauben die feste Hoffnung, daß sich erfüllen wird, was er vor seinem Tode mir verheißen: ein endliches Wiedersehen und Vereinigung mit Ihm dort oben und für immer — für ewig! — —"

„Und nun, Kinder," fuhr sie nach einigen Augenblicken ruhiger fort, „laßt Euch die Geschichte unserer beiden armen gequälten und gebrochenen Herzen eine Lehre sein. Nochmals: haltet fest an Eurer Liebe, was auch da kommen mag, und laßt Euch nicht durch harte und kalte Menschen um Euer junges und schönes Lebensglück betrügen! — Auf der Hut müßt Ihr sein, denn mein Bruder ist, obgleich von Herzen gut, doch wohl noch immer im Stande — wenn es seine Pläne durchkreuzen sollte — dem Sohne zu wehren, wie er der Schwester sich entgegengestellt. Dies beherzigt und seid auf solchen Kampf gefaßt. Doch Ihr werdet ihn glücklich bestehen, wenn Eure Liebe eben so stark und treu als wahr und innig ist!"

„Ja, Tante, wir wollen zu einander halten, fest und unverbrüchlich, was auch da kommen mag!" sagte der junge Mann mit einem leuchtenden Blick auf seine Gefährtin. „Und ich fühle, ich weiß es, daß wir uns für immer angehören werden, nachdem wir uns in Treue und Liebe gefunden und Du unsern Bund gesegnet."

Goldengel legte ihre Hand in die ausgestreckte Rechte Heinrichs und mit festem Tone sprach sie:

„Wie Dein Herz, Tante, die Treue bewahrt, so soll auch das meine nur ein Denken erfüllen: Treue ihm, dem ich Liebe gelobt, bis über's Grab."

Die Alte küßte die Beiden mit inniger, wahrhaft mütterlicher Zärtlichkeit, dann sprach sie in ihrer frühern heitern Weise:

„Laßt uns jetzt froh und heiter zusammen plaudern, denn ernste Gedanken taugen auf die Dauer nicht für so junge glückliche Liebesleute. Dir aber, mein liebes Goldengelchen, will ich noch etwas zum Andenken an diese Stunde geben; es kann vielleicht ein Talisman für Dich werden, Dich auf Deinem Lebenswege beschützen und am Ende gar noch ein Wunder wirken."

Dabei war sie aufgestanden und auf die verschnörkelte Kommode zugegangen. In einer der Schubladen kramte sie eine Weile, dann brachte sie einen Gegenstand zum Vorschein, den sie hoch emporhielt.

Es war ein zerbrochenes Kreuz von edlen Steinen an einem verblichenen Seidenbande. Nur drei Arme oder Theile hatte das Schmuckstück, das von alter zierlicher Arbeit war und nicht unbedeutenden Werth haben mußte.

Recht neugierig betrachtete Goldengel das eigenthümliche Geschmeide.

Die Alte hing ihr nun das halbe Kreuzchen um den Hals. Willenlos, doch eigenthümlich ergriffen von der Berührung des Schmuckstücks, ließ Goldengel es geschehen. Dann sprach Tante Göbbels:

„Dies Kreuzchen bewahre wohl, mein Kind. Es ist ein Talisman und wird Dir ganz gewiß einer sein, denn es hat eine eigene Bewandtniß damit, was ich Dir später — später, aber einmal ganz gewiß erklären werde. Hebe es wohl auf und wenn Du es schaust, so denke dabei in Demuth an die Vergänglichkeit alles Irdischen und daß, wie das kostbare und doch verstümmelte Kreuzchen, Alles zerstört, gebrochen werden kann — selbst ein armes Menschenherz!"

Sinnend betrachtete Goldengel das seltsame Stück, dann ließ sie es langsam auf ihre Brust niedergleiten, seltsam berührt von dem Geschenke sowohl, als von den Worten, die es begleitet.

Nun Kinder, plaudert, kost, sagt einander, was Ihr hofft und ersehnt; laßt Eure Herzen reden von dem, was sie erfüllt — ich will in meinem alten Buche lesen von vergangenen Tagen und Alle werden wir glücklich sein!" —

Noch eine lange Zeit blieben die Drei beisammen, ein Jeder glücklich in seiner Weise. Endlich doch trennten sie sich, den Tag wohl als einen der schönsten, den sie erlebten, preisend.

Die Alte war wieder allein in ihrem stillen Stübchen, allein mit ihren Erinnerungen. Doch das verdorrte Blättlein, das treue Liebeszeichen in ihrem alten Buche, schien sie noch eins so freundlich anzublicken. War es der Alten doch fast, als ob es frischer ausschaue! Hatten doch die Thränen theilnehmender Herzen es benetzt und in etwas den düstern Schleier von Nacht und Blut, der sich darum gewoben, entfernt! —

Am selben Abend aber erhielten zwei Väter Kenntniß von dem, was sich in der stillen Zelle der Tante Göbbels begeben.

An der Brust des alten Herrn von Molenaar lag Goldengel und mit Freudenthränen in den Augen sagte sie ihm von dem schönen Glücke, das ihrem Herzen geworden, und des Vaters Kuß auf ihre reine Stirne segnete sie.

Der alte Herr Göbbels aber hörte mit der strengen Miene des ehemaligen Gewaltrichters die Herzensbeichte seines Herrn Sohnes an. Doch wurde sein Gesicht plötzlich freundlicher und nachdem der junge Mann ausgesprochen, gab er ihm weder seinen Segen noch seinen Fluch, sondern, ohne sich weiter um ihn zu bekümmern, ließ er Jan, den Knecht des Hauses, kommen. Als dieser, ein alter Mann, bald darauf eingetreten, sprach er zu ihm:

„Jan, Du kennst doch noch Deinen alten Kameraden, den Krakopp?"

Der Alte nickte bejahend mit dem Kopfe.

„Er ist zur Zeit Nachtwächter der St. Peterspfarre. Morgen früh gehst Du zu ihm und bestellst ihn hierher, zu mir, wenn er ausgeschlafen. Ich will — muß ihn sehen und sprechen."

Noch eine bejahende Bewegung, ein paar gemurmelte Worte und Jan, der Knecht, verließ das Zimmer.

Nun sagte Herr Göbbels seinem Sohne „gute Nacht!" und „auf morgen!"

Nicht wenig erstaunt war Heinrich über dies Gebahren, das er nicht begriff und sich unmöglich als eine Antwort auf die glühende Schilderung seines Liebesglückes denken konnte.

Welche Bewandtniß es aber damit hatte, sollte er bald erfahren.

Neuntes Capitel.
Everard Giersberg.

Everard Giersberg ist nach einer Abwesenheit von etwa sieben Jahren wieder in sein altes Haus nächst der Sieben=Burgen=Gasse eingezogen. Beide, der Herr wie die Wohnung, sind während dieser Zeit womöglich noch düsterer, ihr Aussehen ist herabgekommener, zerfallener geworden. Wie er einstens gegangen und das große Ein= gangsthor hinter sich zugeschlossen, arm und einsam, so war er wiedergekehrt, hatte Thür um Thür geöffnet, um in seine mit Staub und Moderduft angefüllten Stuben wieder einzuziehen. — Nur eine Stube hatte er nicht zu erschließen gewagt; es war das große holzgetäfelte Ge= mach mit dem Bilde des alten Herrn. Noch länger als die übrigen Räume hatte es kein menschlicher Fuß be= treten, denn seit jener entsetzlichen Nacht des siebenund= zwanzigsten Februars 1784 war es geschlossen geblieben.

Finster hatte der Heimgekehrte die mancherlei Räume durchschritten, nach einem Fleckchen gesucht, das ihm Ruhe

zu bieten geeignet schien. Doch vergebens! überall trost-
lose Oede, die sich jedoch rasch bevölkerte mit Bildern
der Vergangenheit, die ihn quälten, ihm die Brauen noch
drohender zusammenzogen, die Lippen noch fester, in-
grimmiger aufeinander preßten, ihn verjagten aus einem
Raume in den andern und endlich hinaus in den Hof,
durch die kleine Mauerpforte in den furchtbar verwilder-
ten Garten.

Hier in dieser grünen Wildniß athmete der also
Herumirrende auf. Hier war Luft und die ganze Umgebung paßte zu seiner Gemüthsstimmung. Himmelhoch
ragten die Bäume empor, mit ihren Aesten sich ineinander-
schlingend, von Unkraut überwuchert; auf dem Boden
knorriges Buschwerk, wilder Dorn, darunter verdorrte,
faulende Aeste, wild und wirr durcheinander liegend, und
diese wieder bekleidet, umrankt von jungem Grün; hohes
Gras, das sich bis an das Eingangsthor vorzog, mit
Moosen und Schlingpflanzen aller Art vermischt, bedeckte
das Pflaster, die Stufen der Doppeltreppe, die zierliche
Balustrade, wie spielend, doch alles fest umklammernd und
umwuchernd. Die Thürpfosten, die Fenstersteine, den
Giebel hinauf kletterten die leichten grünen Ranken, aus
jedem Plätzchen am Boden, zwischen den Steinen schossen
sie empor, überall tief sich einklammernd, von einer Seite
der Fenster zur andern sich dehnend, ziehend, einander
forthelfend, in- und durcheinanderschlingend und also fast

die ganze Giebelfronte bedeckend, daß die erblindeten runden Scheiben der großen Fenster düster und traurig durch diese wirre und doch so frische und grüne Blätter=Wildniß schauen.

Es war schier wie in dem Märchen vom Dornröschen. Dort lag das verzauberte Schloß, in dem seit langen — langen Jahren kein Mensch gewandelt. Dornen, Pflanzenwerk wehrten den Eingang zu der verzauberten holdseligen Prinzessin.

Doch nein! — hinter dem Walle der grünen Blätter und Ranken, den düstern erblindeten Scheiben, schläft kein holdes Dornröschen! — Ein furchtbares, entsetzliches Geheimniß schlummert dort, ein ungesühntes Verbrechen, das seines Rächers und Richters harrt — wie die märchenhafte Prinzessin ihres Retters! —

Giersberg hat sich auf den Boden niedergeworfen, doch dabei der grünen umwucherten Giebelfronte den Rücken gekehrt. Er that es wohl absichtlich, und brütend giebt er sich seinem Sinnen und Denken hin.

Was hat er getrieben, draußen in der Welt gethan und gesucht, seit er das entwürdigte elterliche Haus, seine Vaterstadt Köln verlassen?

Seine Gedanken weilen bei diesem Abschnitt seines Lebens, sie durchfliegen ihn noch einmal von Anfang bis zum Ende, emsig und genau, vielleicht um jetzt noch den rechten Faden zu finden, der ihn aus dem Labyrinth der Gegenwart, glücklich in die Zukunft zu leiten vermag.

Diesem seinem Denken wollen wir folgen.

Was die That jenes siebenundzwanzigsten Februars ihm gebracht an Gold und Gut, rasch hat er es wieder vergeudet. Der reichste Theil der Beute, die er sich durch ein Verbrechen zu erringen gehofft, ging ihm verloren. Das Gericht erkannte ihm den Besitz des großen Giersberger Hofes nicht zu. Es konnte dies nicht thun, denn keinerlei Anzeichen waren da, daß die beiden Familienglieder, Werner Hüls und sein Töchterchen wirklich gestorben. Beide konnten noch am Leben sein, und selbst ein Vernichten des auf so räthselhafte Weise abhanden gekommenen Testaments, hätte ihm nach Lage der Sache nichts helfen können. Die Behörden verwalteten deshalb das bedeutende Besitzthum und der redliche Beamte, dem dies oblag, war heute noch, nachdem Stadt und Land einen andern Herrn erhalten, der Hüter des Eigenthums der Verschollenen, obgleich er täglich gewärtig sein mußte, von den fremden Machthabern verdrängt zu werden, das Gut, dessen er so treulich gepflegt, in den Alles verschlingenden Säckel der französischen Republik fallen zu sehen.

Oft hatte Giersberg Versuche gemacht, um in den Besitz des reichen Anwesens zu gelangen, doch war all' sein derartiges Mühen vergeblich gewesen, wie auch sein Drängen in den Juden Afrom um Herausgabe der wichtigen Urkunde, des Testaments, das er in dessen Besitz geglaubt. Endlich hatte er sich in das Unvermeidliche gefunden und auf andere Mittel und Wege gesonnen, um sich aus der verzweifelten Lage zu befreien, in der er sich befand und die ihn endlich vollständig zu vernichten drohte.

Er besaß nichts mehr als das alte Haus, das täglich mehr im Werthe sank und das er endlich vergebens dem Juden anbot. Er wollte hinaus in die Welt, in der Ferne sein Glück versuchen und begann in seinen Stuben Mancherlei zu ordnen, Papiere und Briefe zu sichten, zu vernichten oder zu bergen. Da fielen ihm denn auch die Briefe in die Hände, die er in jener Nacht mit den übrigen Papieren Werners Hüls an sich genommen. Er hatte sie bis jetzt nicht angeschaut, nicht einmal berührt. Nun aber begann er darinnen zu blättern, sie zu lesen. Einige derselben erregten sein besonderes und lebhaftes Interesse; sie waren unterzeichnet „Dirk=Grooten" und von Amsterdam datirt.

Da las er denn, daß das Haus, welches obige Firma führte und vor einer Reihe von Jahren Bankerott gemacht hatte, wodurch Werners Vater, der ehemalige Kaufherr Hüls, eine Summe von etwa 30,000 Gulden verloren, wieder zu Kräften gekommen war. Der holländische Kaufmann erbot sich ferner, jene Schuld jetzt zu tilgen, im Falle Herr Hüls noch am Leben, oder Erben von ihm vorhanden. Ein anderer Brief zeigte dann an, daß es Dirk=Grooten genehm sei, das Geld an Werner, den Sohn des mittlerweile gestorbenen Kaufherrn zu zahlen und daß die Summe zum

Absenden bereit liege. Weitere Briefe über diesen Gegenstand waren nicht vorhanden, doch sagten die beiden Schreiben genug, um Giersberg zum Nachdenken aufzufordern.

War das Geld abgesendet worden oder nicht? So fragte sich der Sinnende sofort. Im ersteren Fall — wo war es geblieben? Andern Falls aber konnte es noch immer erhoben werden, denn der Holländer, der ja die Ehrlichkeit selbst war, würde auch nach einer weitern Reihe von Jahren sich nicht weigern, die alte Schuld zu zahlen — und an ihn, Giersberg, zu zahlen, wenn er sich nur gut zu legitimiren im Stande war.

Daß Werner Hüls das Geld empfangen haben sollte, schien Giersberg nicht wahrscheinlich, denn wo war es alsdann geblieben? Auf dem Giersberger Hofe hatte man kein baares Geld gefunden, das stand fest. Auf dem Wagen, der die Familie nach Köln gebracht, dessen Sturz deren Untergang verursacht, konnte die große Summe sich doch auch nicht befunden haben. Er, Giersberg, hätte damals an jenem Abende des siebenundzwanzigsten Februar ganz sicher etwas davon bemerkt. Auch war der letzte der Briefe wenige Wochen vor der Zeit der großen Ueberschwemmung geschrieben und datirt. Es war also voller Grund anzunehmen, daß, wenn Werner den Brief überhaupt beantwortet, eine weitere Antwort an ihn nicht angelangt war, weil die damaligen klimatischen Verhältnisse alle Communication mit Holland unterbrochen hatten, daß demnach das

Geld nicht abgesendet worden war und somit noch immer zu erheben sei.

Obgleich nun doch wieder mancherlei gegen solche Annahme sprach, so wollte Giersberg doch also glauben und je mehr er über die Angelegenheit nachdachte, je fester fühlte er sich in seinem Denken bestärkt und sein Entschluß stand endlich fest, nach Holland zu reisen und als Erbe Werners die große Summe einzukassiren.

Gedacht, gethan! Mit allen ihm nur erreichbaren Papieren und Dokumenten versehen, machte er sich reisefertig. Nachdem er seinen Knecht, den Pitt Ojömmich verabschiedet oder vielmehr auf die Straße gesetzt, verschloß er Thür um Thür, zuletzt das große Einfahrtsthor an der Straße und verließ Köln.

Nach Holland zog er, nach Amsterdam. Doch hier erfuhr er zu seinem Schrecken, daß die Firma Dirk-Grooten nach Batavia übergesiedelt war und dort Reichthümer auf Reichthümer häufe, ihre Schiffe nach allen großen Häfen der Welt sende. Es war dies die erste entsetzliche Enttäuschung für ihn. Einige Zeit trieb er sich nun in Amsterdam umher, plan- und rathlos, unglücklich. Da erschien ein Schiff jenes Hauses im Hafen der Buitenkant. Das war ihm ein Fingerzeig; er wollte nach Ostindien, nach Batavia zu Dirk-Grooten. Mit dem Kapitain des Fahrzeugs setzte er sich in Einverständniß, theilte ihm sein Vorhaben, seine Papiere mit und der ehrliche Ostindienfahrer stand nicht an, dem Fremden, der sich so gut auszuweisen vermochte, einen Platz auf seinem Dreimaster anzubieten.

Es dauerte mehrere Monate, bis das Schiff seine Ladung hatte, doch endlich war es seeklar und verließ Amsterdam, Europa. Nach mancherlei Fährlichkeiten gelangte Giersberg nach Java, der Hauptstadt Batavia und zu dem Chef des Hauses Dirk-Grooten. Doch neue Täuschung. Der holländische Kaufherr zeigte ihm Papiere, Briefe und Quittungen, welche unumstößlich darthaten, daß Anfangs Februar des Jahres 1784 der volle Betrag des Guthabens sammt einer angemessenen Zinsenentschädigung von Amsterdam nach Köln an Werner Hüls abgegangen und von diesem richtig empfangen und gültig quittirt worden war.

Das war ein Donnerschlag für den Glücksucher. Was sollte er nun beginnen in dem fremden Lande, ohne irgend welche Hülfsmittel?

Mynheer Dirk-Grooten erbarmte sich seiner; er gab ihm Beschäftigung, Obdach und Nahrung. Doch Giersberg war an keine Thätigkeit gewöhnt — in dem heißen Klima vermochte er unmöglich sich in ein anderes, arbeitsameres Leben zu finden. Bald verließ er daher das gastliche Haus und irrte unstät in der Stadt, auf der Insel umher. Mancherlei seltsame Abenteuer erlebte er, bis endlich verzweifelte Noth ihn wieder heimwärts trieb. Auf's Neue wandte er sich wieder an den Holländer und dieser half ihm gern. Er erhielt einen Platz auf einem Schiffe des Hauses, welches zuerst nach den Antillen, dann nach Holland segeln sollte, und einen Wechsel auf Amsterdam, der ihm eine bequeme Heimreise sicherte.

Lange — lange Zeit dauerte die Fahrt, doch endlich lief das Schiff glücklich in den Hafen zu Amsterdam ein und Giersberg betrat wieder europäischen Boden. Sieben Jahre war es her, daß er an gleicher Stelle gestanden, in ferne Lande gesegelt, voller Hoffnung auf ein zu erringendes Glück. Arm wie damals, doch finsterer, zerrissener in seinem Gemüthe fand er sich wieder, ohne Hoffnungen und Aussichten, nur grimmen Trotz im Herzen und zu Allem bereit. In seiner Vaterstadt waren andere Zustände eingetreten; seit sechs Jahren herrschten dort Fremde. Alle Verhältnisse hatten sich geändert, mußten noch immer in einem vollständigen Gährungsprozeß begriffen sein. Das konnte ihm frommen, denn Leute mit weiten Gewissen, thatkräftig und vor nichts bangend, mußte eine solche Regierung brauchen können, und er fühlte sich der Mann dazu, in solcher Weise zu handeln, schonungslos — gewissenlos. — Der Thor! — als ob man auf ihn hätte warten müssen zu solchem Schergendienste! als ob sich derartige scham- und gewissenlose Kreaturen nicht schon längst und in Menge gefunden?!

Seinen Wechsel machte er zu Gelde, kaufte sich ein kleines Gefährt, miethete einen Knecht als Fuhrmann und trat also die Heimreise an. Nun tauchten andere Bilder in ihm auf. Die große und so spurlos verschwundene

Summe Geldes gaukelte auf's Neue vor seinem innern Auge hin und her; er versuchte sie zu fassen — doch vergebens! immer entschlüpfte sie seinen gierig darnach greifenden Fingern. Dann sah er den großen Giersberger Hof sich zugesprochen, durch einen erkauften Spruch der fremden Machthaber. Wie lachte er auf bei dem Denken an solchen endlich errungenen Besitz, der ihn zum reichen Manne machte.

Mit solchen Gedanken, allerlei Plänen sich beschäftigend, war er seiner Vaterstadt immer näher gekommen, immer näher den neuen, ihm vollständig unbekannten Verhältnissen gerückt, denen die Rheinlande anheimgefallen. Die letzte Nacht brachte er in dem Dorfe Langenfelde zu. Was ihm dort Seltsames widerfuhr, haben wir in einem der letzten Capitel gesehen. Einen alten und brauchbaren Helfershelfer hatte er gefunden, für Alles das, was er sich vorgenommen zu thun und was ihm etwa sonst noch in den Sinn kommen sollte.

So war er denn endlich heimgekehrt und in das alte, düstere Haus nächst der Sieben-Burgen-Gasse eingezogen. Der neue Diener war in der Kammer des längst verabschiedeten Knechts, den wir als St. Pantaleons-Wingertsbauer gefunden, untergebracht worden und nun hatte Giersberg versucht, die Wege, die sich ihm gezeigt, zu wandeln. Doch er erlahmte bald, die Thatkraft, der Muth zu leben und zu handeln, fehlte ihm. Erdrückend, beängstigend wirkte die düstere Umgebung auf ihn und die Bilder der Vergangenheit, blutig und drohend, scheuchten ihn aus einer Stube in die andere, hinaus in den Hof, den Garten — wo er nun saß und brütete.

Er erwartete mit Schmerzen den Juden.

Es fehlte ihm irgend Jemand, der ihn kannte, zu dem er sprechen durfte, frei und ohne Furcht verrathen zu werden, darum sehnte er die Ankunft seines ehemaligen Gläubigers herbei, den er auf einer der letzten Stufe des Verbrechens, als Straßenräuber wieder gefunden.

Doch Afrom kam nicht. Einige Tage waren vergangen und vergebens hatte Giersberg seiner geharrt und im Stillen ingrimmig über den elenden Juden geflucht.

Ein solcher Fluch entrang sich nun auch dem Munde des sinnend am Boden Kauernden, dessen Gedankenfolge wir mitzutheilen versucht. Eigenthümlich schallte es durch die stille Wildniß des Gartens. Einige dunkle Vögel, die in der grünen Wirrniß der Aeste und Zweige nisteten, flogen auf, kreischend in der Höhe kreisend, bis sie sich endlich wieder niederließen, theils auf den Bäumen, theils auf den Mauern, in den grünen Ranken der Giebelfronte.

Giersberg selbst war über das sonderbare Echo, das seine Stimme geweckt, zusammengefahren und hatte sich umschauend den Kopf gewendet.

Sein Blick traf die erblindeten Scheiben der großen Stube, die ihn dunkel, fast schwarz durch die Ranken und

Blätter anschauten. Wenn das Zimmer noch andere Geheimnisse berge als die, welche ihm — nur ihm allein bekannt? Das Testament war auf eine unerklärliche Weise in dem Raume verschwunden; Afrom hatte es nicht genommen, das glaubte er nun bestimmt zu wissen. Er hatte die Verwundete vor dem Bette getroffen; konnte diese es nicht verborgen haben — konnten die fehlenden Briefe, der Nachweis über den Verbleib der 30,000 Gulden sich nicht in dem Kleide Werners befinden, das er diesem in jener entsetzlichen Nacht geraubt und dort — dort in dem großen düstern Raume verborgen?

Urplötzlich waren diese Gedanken dem Manne durch das brütende, heiße Hirn gefahren; sein Auge blitzte und in alter Kraft erhob sich die starke, mächtige Gestalt, den Fuß vorgestreckt, der Treppe zu, um diese zu ersteigen, in den Raum zu bringen, den er seit sechszehn Jahren, seit jener Nacht nicht mehr betreten, stets so ängstlich geflohen.

Doch er bewegte sich nicht von der Stelle, denn sein Blick, der fest und starr auf die dunklen Scheiben gerichtet war, mußte etwas ganz Ungewöhnliches schauen, das ihn bannte, unfähig machte seinen Entschluß auszuführen. Er glaubte, ein menschliches Antlitz mit weißen Haaren, blitzenden Augen hinter den Scheiben zu erblicken, das ihn gleich starr ansah, doch mit ernsten, drohenden Blicken, die wie Dolche in sein Inneres drangen. Nicht

war es das Bild über dem Kamin, das er zu schauen
wähnte — nein, das Antlitz hatte Leben, die Augen fun=
kelten, glühten durch die dunklen Scheiben, die grünen
Ranken ihn an, unheimlich, sein Herz erbeben, sein Haar
sträuben machend.

Schon begann die Brust des Schuldbeladenen sich
stärker zu heben, schon perlten heiße Schweißtropfen auf
seiner Stirn und die Hände ausstreckend, versuchte er das
Gesicht, das ihn also peinigte, von sich abzuwehren —
als plötzlich ein starker Schlag wider das Eingangsthor
des Hofes geschah, der laut die Luft durchhallte und die
Echo des stillen Ortes allesammt wachrief, also daß
Bäume, Mauern und Haus zu tönen schienen.

Zugleich — und im selben Augenblick als der Ein=
same hoch aufathmend den Blick nach der Richtung des
Hofes hin wandte, flog einer der dunklen Nachtvögel aus
dem grünen Rankengewirre, welches die Fenster des Hauses
bedeckten, auf und genau von der Stelle, welche die Blicke
Giersberg gebannt gehalten hatte. Es war einer der ge=
fiederten Bewohner des Gartens, aus seiner Ruhe auf=
gescheucht durch den wilden Fluch des Mannes, der seiner=
seits keine Ruhe mehr finden sollte, durch den Fluch, der
auf ihm lastete, und auf der That, die er einst begangen.

Der Knecht hatte dem Einlaßbegehrenden das Hof=
thor geöffnet und in der kleinen Thür der Mauer, welche
Hof und Garten trennte, erschien Asrom, der Jude.

Fast freudig schrie Giersberg auf, als er den Mann erblickte, von dem er allein noch Hülfe erwartete. Rasch trat er auf ihn zu und nach kurzer Begrüßung forderte er ihn auf, ihm in das Haus zu folgen.

In der Stube, wo sie einstens ihre Rechnung abgeschlossen und mit den Familienjuwelen der armen Marie Hüls ausgeglichen, saßen Beide bald und plauderten. Giersberg war wieder der Alte geworden. Er hatte die Furcht, das sonderbare Gefühl des Bangens, das ihn so plötzlich überkommen, abgeschüttelt und freier, kräftiger fühlte er sich, da er sich nicht mehr allein wußte.

Auf Befragen Afroms erzählte er diesem sein Abenteuer mit trotziger Offenheit und wie er der großen Summe, dem holländischen Gelde seines verschwundenen Vetters vergebens nachgereist — bis nach Ostindien. Aufmerksam hörte der Jude zu und durch manche Frage suchte er sich über das Geld weitere Auskunft zu verschaffen, dann ließ er seinen finstern Kumpan reden, sich in Flüchen und Verwünschungen über die Welt und sich selbst ergehen. Sinnend saß er da und hätte der Sprechende, Giersberg, gewußt, welche Gedanken seinem Zuhörer durch das Hirn fuhren, sie würden ihm zu seinem Staunen einen näherliegenden Weg gezeigt haben, der die Möglichkeit den einmal vorhandenen reichen Schatz — wenn er überhaupt noch vorhanden — zu erlangen, mit einer gewissen Sicherheit in Aussicht stellte.

Als Giersberg sich endlich ausgesprochen und ausgetobt, fragte der Jude ruhig:

„Und was nun weiter?"

Giersberg, der in der Stube auf und ab wandelte, hielt inne und schaute Afrom mit blitzenden Augen an. Er sprach:

„Erringen will ich, was mein ist, die ganze reiche Liegenschaft und sollte ich Zeugen auftreiben müssen, die da beschwören, daß Werner und sein Kind gestorben und todt sind."

Afrom zuckte verächtlich die Achseln.

„Und wenn Beide nun doch lebten? — Und wenn nun Leute kämen, welche dies nicht allein beschwören, sondern auch beweisen könnten, was dann?"

Giersbergs gebräuntes Gesicht erblaßte. Plötzlich erinnerte er sich, daß Afrom das Kind — der todten Frau — in jener Nacht mitgenommen, ein Umstand, an den er nie mehr gedacht, nie mehr zu denken gewagt.

Er trat vor den Juden hin, krallte seine Hand förmlich in dessen Schulter und ohne die Augen von ihm abzuwenden, rief er ihm mit zitternden Lippen zu:

„Was hast Du mit dem Kinde angefangen? — Lebt es — wo ist es?"

Mit starker Geberde schüttelte der Andere die schwer auf ihm ruhende Hand ab, dann sprach er mit höhnischem Lachen:

„Braucht nicht so in Hitze und Eifer zu gerathen,

will es Euch ohne Drohung und freiwillig sagen. Ihr glaubt wohl, ich hätte das arme Kind —? Pfui! so unmenschlich ist ein Jude nicht. Das Kind lebt, ist in guten Händen und zur Zeit ein schönes — heirathsfähiges Mädchen — das —"

Giersberg schaute den Sprecher an, doch mit einem ganz andern Ausdruck seines Gesichtes. Langsam, mit recht spöttischer Eindringlichkeit schloß der Andere seine Rede.

„— das einstens den großen Giersberger Hof als Mitgift erhalten wird."

„Das wäre auch ein Weg, um zum Ziele zu gelangen!" murmelte endlich Giersberg, doch mit so leisem, fast schüchternen Tone, als schäme er sich eine solche Ungeheuerlichkeit auszusprechen. „Aber nein — nein, das geht nicht!"

Spöttisch betrachtete ihn der Jude.

„Und was wäre denn Ungewöhnliches dabei? Ein Mann von vierzig und einigen Jahren — denn älter seid Ihr doch nicht? — heirathet ein Mädchen von etwa achtzehn Jahren. — So alt wird sie just sein. — Und dann — was geht es Euch an, was einstens geschehen?!"

„Wo lebt sie? — Sagt mir immerhin ihren Namen und wo sie zu finden?"

„Gemach, Herr Giersberg, so rasch geht das nicht. Was könnt Ihr mir für die Auskunft zahlen?"

„Was Ihr wollt! — Redet, macht Eure Bedingungen!"

„Das klingt recht gut — aber es sind nur Worte;

es steckt nichts dahinter! Geld habt Ihr nicht, das weiß ich, denn eigentlich bin ich ja von Euch wegen einer Anleihe hierherbeschieden. Und der Giersberger Hof, was wird er werth sein in gegenwärtigen Zeitläuften? Mit all' seinen Aeckern höchstens — etwa zehntausend Franken!"

Giersberg starrte den Juden förmlich entsetzt an.

„Es ist so. Die Güter sind in diesen Kriegs-Emigrations- und Säkularisationszeiten furchtbar entwerthet. Wer weiß, ob man obige Summe in klingender Münze noch für das Anwesen wird' erlangen können? Ich sehe die Zeit kommen, wo man mit 100,000 Franken halb Köln mit sammt seinen Kirchen wird kaufen können! — Seid kein Narr!" fuhr er plötzlich mit einem ganz anderen Tone fort, der eindringlich und ernst, gewaltig gegen die bisherige spöttische Redeweise abstach. Zugleich stand er auf und Giersberg, der langsam auf einen Stuhl gesunken war, durchdringend anschauend, sprach er weiter: „Weg mit solchen spießbürgerlichen Gedanken! Laßt das Mädchen laufen, heirathen wen es will, das ganze Gut bekommen wir noch für ein Lumpengeld — wenn wir es überhaupt wollen! — und Ihr thun wollt, wie ich glaube, daß es am besten für Euch — und mich sein wird."

Diese Worte waren mit einer solchen tiefen Ueberzeugung ausgesprochen worden, daß sie dem erstaunten Zuhörer fast wie ein Blitzstrahl durch die Nacht seines Geistes fuhren. Staunend und fragend schaute er den Juden an, als dieser mit einer gewissen Energie weiter sprach:

„Laßt uns zu einem Resultat kommen. Ihr wollet Geld von mir haben, wie viel?"

„Könnt Ihr mir — tausend Franken geben, so hoffe ich damit etwas auszurichten," antwortete der Andere langsam und erst nach kleiner Pause.

„Tausend Franken? — Hm! es ist keine Kleinigkeit. Doch was könnt Ihr mir für Sicherheit geben?"

„Hier mein Haus. Ich verpfände es Euch für das Kapital — sammt Zinsen."

„Bah! die alte Baracke ist die Summe nicht werth! — Indessen will ich sie Euch geben, unter einer Bedingung."

„Sprecht!"

„Ich habe Theil an dem Hause, so lange Ihr mein Kapital habt."

„Es sei."

„Dann verpflichtet Ihr Euch noch zu weiteren Geschäften mit mir."

Giersberg antwortete nicht sofort. Mißtrauisch schaute er den Juden an, der gleich einem Versucher — wie vor sechszehn Jahren — ihm gegenüber stand. Doch Afrom's Gesicht verzog sich wieder zu dem früheren grinsenden Lächeln, als er, die Gedanken Giersbergs wohl errathend, ortfuhr:

„Ihr denkt wohl an Geschäfte wie die — neulich auf

dem Langenfelde? Seid ruhig, damit ist's aus; ich will nichts mehr davon wissen. Das französische Criminal- und Geschwornengericht, sowie die neuerfundene rothe Maschine, arbeiten mir zu schnell; sie sind mir zu gefährlich, und ich will noch lange, recht lange leben, und gut leben. Also weg mit solchen gemeinen Gedanken. Es ist etwas Anderes, Besseres, was ich Euch vorzuschlagen habe. Doch zuerst laßt uns die Vorfrage erledigen. — Antwortet mir: Der Wandschrank dort in der eisernen Thüre, in den Ihr — Anno damals — das Kästchen mit den Juwelen bargt, ist er fest und sicher?"

„Gewiß! Die Mauer ist dick und das Schloß ein ungemein künstliches. Es war der Geldschrank meines Großvaters."

„Habt Ihr mehrere Schlüssel dazu?"

„Nur einen."

„Ich will Euch glauben," sagte der Jude nach einem langen prüfenden Blick. „Gebt ihn her."

Giersberg händigte ihm einen alten gewichtigen Schlüssel ein, mit krausem Bart.

„Der Raum ist leer! — konnte mir es denken! — Wo führt die zweite Thüre dort hin?"

„Auf einen schmalen Gang, der auf die Thurmtreppe mündet; diese führt in den Hof. Der Thurm hat noch einen zweiten Ausgang in den Garten, und neben der kleinen Mauerthüre, welche für gewöhnlich den Eingang zu demselben bildet."

„Sind von all' diesen Thüren doppelte Schlüssel vorhanden?"

„Nein, so viel ich weiß."

„Habt Ihr sie zu Händen?"

„Hier sind sie."

Dabei holte Giersberg aus einer Schublade eine Menge Schlüssel hervor, suchte die geforderten zusammen und legte sie vor den Juden auf den Tisch. Afrom prüfte einen nach dem andern, beschaute sie sorgfältig und ließ sich dann nochmals sagen, zu welcher Thüre sie gehörten. Endlich verlangte er noch die beiden Schlüssel zu dem großen und kleinen Eingang des Gartens von der Straße her.

„Ich muß wohl selbst noch einen Schlüssel zu der Pforte besitzen — von früher her, Ihr wißt schon — doch möchte ich allein die Schlüssel zu diesen Eingängen haben, sagte er lächelnd.

Giersberg händigte ihm auch diese beiden Schlüssel ein. Nun sprach Afrom:

„So weit wären wir in Ordnung. Nun hört. Von dem Augenblicke an, wo Ihr mein Geld, ich Eure Unterschrift habe, bin ich alleiniger Herr des Gartens, des Thurmes und dieser Kammer, weiter will ich von dem alten Nest nichts haben, nicht einmal die große Stube nach dem Garten zu, die zu respektiren ich Euch verspreche. Ich komme, gehe, wann und wie ich will, und Ihr betretet mein Revier nur wenn es mir genehm ist. Seid Ihr damit einverstanden, so unterschreibt und nehmt Euer Geld."

Dabei zog er ein Papier aus der Tasche und legte es vor den immer noch erstaunt dreinschauenden Giersberg hin. Während dieser las, steckte der Jude ruhig die sämmtlichen Schlüssel ein, bis auf den des Wandschrankes. Auf letztern trat er dann zu, öffnete die eiserne Thüre und betrachtete aufmerksam das Schloß wie auch den inneren Raum. Er schien sehr zufrieden mit seiner Prüfung zu sein, denn seine kleinen Augen funkelten listig, während seine schmalen Lippen sich schmunzelnd bewegten. Noch schaute er nach der andern Thüre, auf den schmalen Gang nach dem Thurm hinaus, das Ende der Lecture Giersbergs erwartend.

Dieser fand in dem Papier einen rechtskräftig abgefaßten Akt, worinnen dem Darleiher einer unausgefüllten Summe ein Recht auf das Haus Giersberg, gelegen in Köln, zunächst der Gasse „vor den sieben Burgen", ohne Widerrede zugesprochen wurde, so lange, bis besagtes Kapital voll und richtig zurückgezahlt. Das Papier hatte durchaus nichts Verfängliches, die Zinsen waren auf fünf vom Hundert festgesetzt, und diese Umstände veranlaßten das nochmalige staunende Durchlesen des Aktes von Seiten des noch immer ungläubig dreinschauenden Giersberg.

„Seid Ihr endlich fertig und einverstanden?"

„Vollkommen, wenn Ihr — weiter keine Klausel habt."

"So gebt Tinte und Feder her, daß wir die Summe ausfüllen und unterschreiben."

Das war bald gethan, und ohne weitere Umstände schob der Jude nun das unterzeichnete Papier in die Brusttasche seines Rockes.

Etwas unbehaglich schaute Everard Giersberg drein, und von seinem Sitz sprang er auf, als Afrom, anstatt des erwarteten Geldes — eine Pistole hervorzog. Doch ein lautes spöttisches Lachen des Juden beruhigte den staunend Aufgeregten.

"Es ist nur der Vorsicht halber," sprach er.

Die Pistole legte er hinter sich auf einen Stuhl, dann knöpfte er Rock und Weste auf und begann verschiedene Riemchen und Schnallen loszunesteln. Endlich, nach mancherlei Manipulationen löste er von seinem Leibe eine lederne Tasche, eine schwere vollgespickte Geldkatze, die er vor sich auf den Tisch warf, daß die darinnen enthaltenen Geldstücke lustig und hell erklangen, gewiß die schönste Musik für die Ohren des staunend dasitzenden Giersberg.

Afrom öffnete die Tasche, langte einige Hände voll Kronenthaler heraus und zählte dem gierig Dreinschauenden eine ziemliche Anzahl zu.

"Hier sind 173 Kronenthaler; es macht zwar etwas mehr als die verlangte Summe, aber es kommt mir jetzt nicht darauf an. Streicht das Geld ein und laßt uns zu Ende kommen."

Während Giersberg die dicken Silberstücke zusammenpackte und in seine Tasche steckte, trat Afrom zu dem geöffneten Wandschrank und legte die Geldkatze mit dem Rest ihres silbernen Inhalts hinein. Nun begann er in allen Taschen zu suchen und zu wühlen und Kistchen und Päckchen kamen zum Vorschein, die Werthvolles enthalten mußten und alle von dem Juden in dem Schranke geborgen wurden. Als die weiten Säcke endlich nichts mehr enthielten, schloß er die eiserne Thüre, ließ das scharf knarrende Schloß mehrmals spielen und steckte dann endlich und anscheinend wohlzufrieden den Schlüssel ein.

„Nun hört, Herr Giersberg, was ich Euch noch zu sagen habe," sprach er jetzt.

„Ich will ganz offen mit Euch reden, ich darf es, denn Euer Interesse bürgt mir für Eure Verschwiegenheit. Der neuliche Fang auf dem Langenfelde hat mich so ziemlich wieder auf die Beine gebracht; etwas über 6000 Franken brachte er mir ein. Doch wie das Gewerbe mir nicht mehr behagt, so halte ich auch meine Deutzer Spelunke für mich nicht mehr für sicher genug. Hierher will ich alles bringen, was ich besitze — bis auf meine alte Gudulge, die der Satan holen mag zu jeder Stunde; sie kann in Deutz bleiben und verhungern — meinetwegen! Meine kölnische Wohnung soll sie sobald nicht kennen lernen. — Viel ist es übrigens nicht, was ich noch herzuschleppen habe. Mein bischen zusammengebrachtes Hab und Gut von Anno damals hat der Teufel geholt und das beste Schmuckstück von Euch, ein prachtvoller Ring, den ich als Andenken an jene schönen Zeiten in Ehren gehalten, ist mir auch und auf die unerklärlichste Weise abhanden gekommen. Ich muß ihn verloren, oder meine Alte ihn mir gestohlen haben! — Enfin! er ist auch zum Teufel! — Nun merkt weiter auf! — Noch einen letzten Fang gedenke ich zu thun, und hoffentlich soll es ein guter werden, dann beginnt unser Geschäft. Ich gebe das Geld, Ihr einen ehrlichen Namen dazu. Was meint Ihr zu einem solchen Handel? Ist das nicht lauter Profit für Euch, he?"

Giersberg der schweigend dem Wortschwall des Juden gehorcht, sprach kalt:

„Erklärt Euch deutlicher, wenn ich antworten soll."

„C'est juste! Donnerwetter! Darum nochmals hört! — Ehe noch viel Wochen in's Land gehen, fangen die Herren Franzosen an, die Güter der Kirchen zu verkaufen, wie sie die der Emigrirten verkauft haben. Was da zu holen, zu verdienen ist, werdet Ihr Euch kaum vorstellen können. Ich denke, mit einer Baarsumme von zehn= bis zwanzigtausend Franken in Händen werden wir Geschäftchen realisiren können, die uns reicher denn der alte Kurfürst Clemens August machen werden. Ich bin ein armer Jude, Ihr seid ein Mann, — der am Ende auch nicht viel mehr werth ist als ich selbst — der aber hier zu Lande einen Namen von gutem alten Klang hat. Ihr kauft, ich gebe das Geld und den Profit theilen wir redlich! Na, was sagt Ihr dazu? Ist das nicht ein Glück, das Euch wie vom Himmel herab mitten in Euere alte wurmstichige Baracke fällt?"

"Das wolltet Ihr thun?! rief Giersberg, der nun aufsprang und mit leuchtenden Augen sich vor den Juden hinstellte.

"Und warum nicht?" entgegnete dieser kurz und ruhig. "Allein kann ich das Geschäft nicht machen, wohl aber mit Euch! Und besser mit Euch als mit einem andern — Spitzbuben. Also ist es nicht mehr als billig, daß Ihr Euren vollen Antheil an der Geschichte habt. Und Geld giebt es zu verdienen, daß wir alle Beide genug daran haben werden. Ich wette, daß wir aus einem der baufälligen Klöster mehr an altem Eisen lösen werden, als der ganze Kram uns gekostet. Warum da knausern? Je mehr Ihr in der Sache interessirt seid, je besser für das Geschäft und für mich. Also — halb Part! und dabei bleibt's."

In die frech ausgestreckte Rechte des Juden schlug Giersberg ein und der Pact war gemacht, ein Vertrag zwischen den zwei Männern abgeschlossen und besiegelt, der des Unheils, des Frevels viel in sich barg — wenn er zur Ausführung kam.

"Und nun geht Eures Weges, Giersberg," sagte jetzt der Jude. "Ich will meine neue Wohnung von innen verschließen und meinen Geschäften nachgehen. Doch nochmals merkt Euch: Ich komme und gehe, wenn ich will, ohne daß man mich belästigt und neugierig stört. Habe ich mit Euch zu sprechen, so werde ich den Weg zu Eurer Kammer schon zu finden wissen."

Giersberg ging. Von innen knarrte das Schloß und abermals war ein Raum seines väterlichen Hauses für ihn verschlossen, zur Herberge eines Geheimnisses geworden, das gleich verbrecherisch war wie jenes, welches hier — unter seinen Füßen schlummerte.

Einen neuen Aufenthalt, eine neue Wohn= und Schlafstätte in dem alten Hause mußte er sich suchen. Doch zuversichtlicher fühlte er sich, hatte er doch wieder Geld in der Tasche und mancherlei Aussichten für die Zukunft.

Afrom aber verließ auf dem ihm von Giersberg angedeuteten Wege das Zimmer, den Thurm, alle Thüren hinter sich abschließend, auch die kleine Verbindungsthüre des Hofes und des Gartens. Einen frechen Blick warf er noch auf den dunklen Raum im Erdgeschoß, dann murmelte er:

"Nun wollen wir sehen, ob wir das viele Geld, den holländischen Schatz nicht heben können, ohne nach Ostindien zu reisen. Es müßte mit dem Teufel zugehen, ich mich schmählich verrechnet haben, wenn er nicht in der Sternengasse zu finden sein sollte!"

―――――

Zehntes Kapitel.
Der Schatz in der Sternengasse.

Eine laue Sommernacht hatte ihre Schleier über die altehrwürdige Colonia gebreitet, leicht und durchsichtig zwischen der Erde und dem wolkenlosen, sternbesäten Himmel. Doch wenn auch das Auge ihre sanfte Dämmerung zu durchbringen vermochte, wenn die unendliche Wölbung auch in einer geheimnißvollen, zauberischen Ruhe und Klarheit erschien, so herrschte doch in der Stadt selbst Nacht, tiefe dunkle Nacht. Schwarz ragten die alten, hochgegiebelten Häuser, die wahrhaft massenhaft übereinander aufsteigenden Kuppeln und Thüren in den milden Nachthimmel hinein, ihre düstern Schatten in die engen Gassen werfend, alles um sich her verdunkelnd und in schwarze Nacht hüllend. Also war es fast überall in dem engen und winkeligen Revier der eigentlichen Stadt, auch in der Gasse, in die ich den Leser nun führen muß.

Da wo die Kirche St. Peters, welche heute wieder das herrliche Meisterwerk Rubens birgt, dessen sie damals beraubt, zwischen Kreuzgängen, andern geistlichen Gebäuden und den Mauern des St. Cäcilien-Stifts und dessen Kirche versteckt liegt, zieht sich eine lange Gasse hin, die Sternengasse benannt. Allerlei alte und merkwürdige Gebäude weis't sie auf, so das Haus, in dem die französische Königin Maria von Medicis arm und als Verbannte gestorben, in dem der große Rubens geboren sein soll — um welche Ehre indessen die neuere Forschung Haus, Straße und Stadt zu bringen versucht. Weiter hinauf liegt das Jabach'sche Besitzthum, die Geburtsstätte des berühmten und größten Kunstkenners und Sammlers der Epoche Ludwigs XIV. Zwischen diesen genannten Häusern nun ragen unter andern zwei alte Gebäude empor, von denen das eine, schmal und hoch, einen Treppengiebel zeigt, während das spitze Sattelbach des andern hinter einem mit schweren plumpen Zinnen versehenen Giebel hervorschaut. Sie zählen beide zu den ältesten, das eine, zinnengekrönte auch zu den größten Häusern der Gasse und ihre Gärten strecken sich weit, bis an ein kleines Gäßchen, sehr richtig Schleichweg geheißen, in das Revier des ehemaligen Saphiren-Bungerts hinein. Das größte dieser Häuser bewohnte Herr Hilger von Molenaar mit seinen beiden Töchtern und einer alten Magd, das schmale, hochgegiebelte aber war ein Frauen-Couvent, in dem wir schon einen Besuch und zwar in der zu ebener Erde gelegenen Zelle der Tante Göbbels gemacht haben.

Molenaars Haus würde sich, bei Tage betrachtet, als

verfallen, düster und nur zum Theil bewohnt darstellen. Die Fenster des Erdgeschosses, über den hohen Kellerräumen, sind mit Eisenstäben verwahrt, hinter denen blinde, zerbrochene Scheiben sich befinden. Die Räume sind öde, unbenutzt, obgleich ihre verblichenen und zersetzten Leinwand- und Ledertapeten, ihre Stuckdecken, von ehemaliger doch längst verschwundener Pracht Zeugniß geben. Die breiten Fenster der ersten Etage aber zeigen durch ihre weißen und andern Vorhänge, daß sie zu bewohnten Räumen gehören, während die der zwei darüber liegenden Stockwerke und endlich das einzige Fenster des obersten Raumes allesammt und fast vollständig Wind und Wetter geöffnet sind, da sie theils keine Rahmen und Scheiben mehr haben, theils nur solche in ruinenhaftem Zustande. Das alte Haus hat ein trostloses Aussehen, doch steht es so nicht allein in der heiligen Stadt; hundert ähnliche und noch ruinenhaftere sind zur Zeit alldort zu schauen und der Bürger, der in den Gassen umherwandelt, findet nichts Außergewöhnliches daran: ist doch sein Dom wie die halbe Stadt eine Ruine!

Also würde sich Molenaars Haus etwa bei Tage darstellen, jetzt, bei Nacht aber ist sein Aussehen noch öder und düsterer. Rabenschwarz schauen die vielen offenen Fensterhöhlen in die Gasse hinein, in der es zur Stunde still ist wie in einem Grabe.

Jetzt beginnt eine der Thurmuhren mit lauten Schlägen die Stunde der Nacht zu verkünden, andere stimmen bald

mit ein, fern und nah, in hohen und tiefen Tönen, in
schnellerer und langsamerer Folge und zum Ueberfluß fängt
nun auch der Nachtwächter des Viertels, oder vielmehr der
Pfarre, die so laut und so oft verkündete Stunde auszu-
rufen und zu singen an, wobei er noch — weiterer Ueberfluß
— sie durch gleich viele Schläge auf seiner hölzernen
„Klepper" wiederholt. Seinen ehrlichen deutschen Nacht-
wächterruf hat er den Zeitläuften angepaßt und recht gewandt halb aus dem Kölnischen in's Französische übersetzt.
Er singt:

„Messieurs, Mesdames, loht üch sage,
Zint Pitter hätt onze heures geschlage,
Couvrez le feu, maat us bat Föhr,
Fermez la Pooz, maat zo be Döhr
Et dormez bien be ganze Naach,
Car Krakopp — Krakopp üch bewa—a—a—ch!"

Von der Hochpforte kam der Nachtwächter, der sich
in seinem Liedchen selber „Krakopp" nannte und dem
wir schon einmal im Pantaleons-Wingert begegneten,
langsamen Schrittes daher, schon von ferne den Kopf
und auch wohl den Blick nach dem dunklen Hause gerichtet. Jetzt hatte er es erreicht. Scharf schaute er hin,
besonders auf die unteren Theile des Gebäudes. Da
fuhr er plötzlich, einen Aufschrei unterdrückend, zusammen,
denn etwas für ihn wohl Außerordentliches mußte er

bemerkt haben. Doch säumte er nicht länger; sogleich
begann seine Wanderung wieder, doch diesmal in schnel=
lem Lauf, und die Sternengasse hinauf eilend, ließ er
Klapper und Mund wacker tönen und rufen. Auf dem
Peterspfuhl indessen und in den angrenzenden, schon an
die Bauernbänke stoßenden Gassen gab er sein schönes
langes Sprüchlein auf und derb, in echtem Kölnisch,
rief er:

„Höht Bürger un Boor,
Et es elf Dohr!
Elf Dohr! — Elf Dohr! — Elf D—o—o—ohr!"

Nach wenigen Minuten hatte der Nachtwächter Kra=
kopp sich wieder dem Molenaar'schen Hause genähert,
doch so laut und geräuschvoll er sich vorher davon ent=
fernt, so leise und behutsam war sein diesmaliges Wie=
derkommen. Er mußte es sehr eilig haben, denn als er
durch den Schleichweg die Sternengasse wieder zu errei=
chen suchte, glaubte er eine Gestalt gesehen zu haben,
die an den verfallenen Planken der Gärten der Sternen=
gassen=Häuser dahinschlich, dann aber in den Gärten
selbst verschwand. Unter gewöhnlichen Umständen hätte
er einer solchen nächtlichen und verdächtigen Begegnung
sicher nachgespürt, denn Krakopp war ein ganzer Nacht=
wächter, der seinem Posten mit Leib und Seele vorstand.
Heute aber durfte er so übergewissenhaft seines Amtes

nicht warten — er konnte sich ja auch geirrt haben! — Ja, er hatte sich geirrt, vollständig geirrt, so sagte er sich, als er wieder in der Sternengasse und vor dem Molenaar'schen Hause anlangte. Es war eine alte Planke gewesen. Und selbst wenn es ein Mann, ein Bewohner des krummen Büchels oder der ehr= und lobesamen Löhrgasse gewesen, was hätte es zu bedeuten gehabt? Die Bürger= und Nachtglocke läutete ja nicht mehr und im Wirthshause konnte bleiben, wer und wie lange er nur wollte. — Selbst wenn es ein Dieb gewesen wäre — und deren gab es ja ebenso wenig in seinem Revier als irgend etwas Rechtes zu stehlen, ausgenommen der eine, ihm nur bekannte gewisse Schatz — so mag er stehlen nach Herzenslust! so meinte der ehrliche Nachtwächter, denn er selbst habe jetzt Wichtigeres zu thun, als jedem elendigen Spitzbuben nachzulaufen.

Vor dem Hause Molenaar hielt er nun. Einem der von innen mit Planken dicht verwahrten Kellerfenster näherte er sich vorsichtig und blickte durch eine der schmalen Ritzen.

Ein schwacher Lichtstrahl schimmerte hindurch, ein Zeichen, daß Jemand in dem Keller war.

„Es ist richtig!" murmelte nach einer Pause der Nachtwächter. „Der Alte ist am Werk. Er hat mindestens für eine gute Stunde zu thun: ich kenne das. Ich habe volle Zeit, nach der Johannisstraße zu laufen, und kann diesmal meinen blanken Kronenthaler verdienen. In einer halben Stunde bin ich wieder hier. — Doch was fange ich mit meinem Spieß an? Der hindert mich am Laufen. — Bah, ich stelle ihn hier wider die Mauer, wider das Haus, da kann er für mich die Sternengasse bewachen und die Spitzbuben der Pfarre werden schon Respect vor ihm haben, die kennen ihn!"

Gesagt, gethan. Er lehnte die lange Hellebarde wider die Mauer des Molenaar'schen Hauses und rannte die Sternengasse hinab, als ob die spukhafte Nonne hinter ihm drein wäre, welche sich bekanntlich in dortiger Gegend ein Privatvergnügen daraus gemacht haben soll, dem späten nächtlichen Wanderer auf den Buckel zu springen und sich von ihm eine Weile Huckepack tragen zu lassen. Krakopp kannte die grausliche Geschichte wohl, doch fürchtete er sich nicht mehr vor den kölnischen Gespenstern, die ja die Neu=Franzosen alle vertrieben, und dennoch lief er immerfort und wie besessen die lange Hochstraße hinab und dem Dome zu. Es mußte sich demnach um ganz Außergewöhnliches, Wichtiges handeln.

Einige Augenblicke, nachdem Krakopp die Sternengasse verlassen, trat aus dem Dunkel der Häuser eine andere Gestalt hervor und auf das Kellerfenster zu, durch welches der Nachtwächter so scharf gespäht. Es war ein langer Mann, der schon eine ganze Weile still und unbemerkt das Molenaar'sche Haus umschlichen. Krakopp

hatte sich keineswegs geirrt, als er in dem Schleichgäß=
chen irgend etwas Verdächtiges zu sehen geglaubt. Es
war der Fremde, der sich im Garten Molenaars herum=
getrieben, nach den Fenstern des Hauses gespäht, die
ganze Oertlichkeit scharf gemustert und sich bei der raschen
Annäherung des Nachtwächters noch rascher hinter den
Planken verborgen hatte. Auch dieser nächtliche und
diesmal wirklich verdächtige Besucher der Sternengasse
ist uns nicht unbekannt und der schwache Lichtstreifen,
der nun durch die schmale Spalte des Kellerfensters auf
sein Antlitz fällt, zeigt uns in ihm sofort den Juden
Afrom.

Von dem Engländer und seinem Kameraden hatte
Afrom die Geschichte des Schatzes in der Sternengasse
erfahren, welche der Nachtwächter Krakopp mit solchen
überzeugenden Worten im Pantaleons=Wingert erzählt.
Die allerdings sehr beachtenswerthe Mittheilung war
auf keinen unfruchtbaren Boden gefallen. Des Juden
Scharfsinn hatte sie in Verbindung gebracht mit dem
verschwundenen holländischen Gelde, sobald er nur von
Giersberg von letzterem gehört. Wo konnte Werner das
Geld anders hingebracht haben als zu dem Vetter seiner
Frau nach Köln? Und wenn der arme Herr von Mo=
lenaar in seiner ruinenhaften Burg in der Sternengasse
wirklich Geld, einen Schatz verbarg, so konnte derselbe
von niemand Anderem herrühren als von Werner. Also

hatte er geschlossen, und daß er auf richtiger Fährte war wissen wir zur Genüge.

Keine Zeit hatte Afrom versäumen wollen und nach seiner Unterredung mit Giersberg sich sofort an's Werk gemacht. Noch bei Tage hatte er Molenaars Haus gemustert, sowohl die Fronte in der Sternengasse, als nach den Gärten zu. Bei Nacht hatte er sein Spähen fortgesetzt, um bei günstigem Resultat in der folgenden Nacht den Einbruch zu versuchen. Der tolle Bettler sollte ihm dabei helfen, den er alsdann sich vom Halse zu schaffen gedachte, in Güte oder mit Gewalt, da der alte Mann ihm dann nichts mehr nütze. In seinem nächtlichen Thun aber war Afrom durch den Nachtwächter gestört und dann — eigenthümlicher Zufall! — durch diesen Diener der öffentlichen Sicherheit selbst auf die richtige Spur geführt worden. Er hatte bemerkt, wie Krakopp durch die Spalte der Planken des Kellerfensters gelugt, wie er dann rasch und ohne Spieß davon gelaufen. Obgleich er dies sonderbare Thun des Nachtwächters sich nicht zu deuten vermochte, war er, nachdem derselbe sich entfernt, an das Kellerfenster getreten und den eigenthümlichen Lichtschimmer sogleich bemerkend, lugte er nun seinerseits durch die schmale Ritze.

Was Afrom hier zu schauen bekam, war derart überraschend für ihn, daß seine ganze Gestalt ordentlich zusammenfuhr. Auf dem Boden kniete er nieder und mit glühenden Augen starrte er in den spärlich erhellten Keller hinein.

Geld! — Geld nur sah er! — Geld! — Geld war sein einziges Denken und wie er sich desselben sofort bemächtigen könne.

Ein alter Mann saß da, ganz allein, bei einem großen, ihm unermeßlich dünkenden Schatze. Einige wenige Planken nur trennten ihn von seinen Händen, die sich schon krampfhaft zusammenzogen, das Geld zu erfassen, dessen schwachen Hüter, wenn nöthig, zu erdrosseln. In wenigen Augenblicken konnte es geschehen, er ein reicher Mann, reicher denn je und geborgen für immer sein. Ein starkes Instrument fehlte, um die Bretter wegzureißen, rasch, mit einem Schlage, damit er den Alten schon im folgenden Augenblick erreichen, fassen könne.

Er richtete sich auf. Aus seinem Räuberleben wußte er, daß ein derartiges Werkzeug leicht zu finden sei — hatte doch beim Raube auf dem Langenfelde ein heiliger Gegenstand, ein Kreuz als Rennbaum dienen müssen! Seine Augen, geschärft zu solch nächtlichem Thun, durchdrangen das Dunkel. Da — was war das? — An der Mauer, dicht bei ihm lehnte der lange Spieß des Nachtwächters! ein passendes Werkzeug und zugleich eine Waffe!

Er mußte an sich halten, um in seiner grimmen,

gierigen Freude nicht laut aufzulachen. Doch schon im nächsten Augenblicke hatte er die Hellebarde erfaßt und ihre eiserne Spitze in die Fuge zwischen den Planken eingeführt.

Vorsichtig wie er war und kein allzugroßer Freund von gewaltsamem, überlautem Handeln, mäßigte er indessen mit seiner ganzen Willenskraft seine Gier und langsam, so behutsam als möglich, begann er den Spieß zu handhaben, hin und her zu drehen, um die Planken zu bewegen, wegzuschieben.

Doch diese waren fest, viel fester gefügt, als er gedacht und wollten nicht um ein Haar breit weichen.

Seine volle Ruhe kehrte durch diesen kaum erwarteten Widerstand zurück und das Gefährliche, Unsichere seiner Handlungsweise vollkommen einsehend, hielt er inne, und abermals brachte er sein Auge der schmalen Oeffnung näher.

Der Mann im Keller mußte in seinem stillen Raume etwas Verdächtiges gehört, bemerkt haben, denn seine Augen waren von dem Schatze, mit dem er beschäftigt gewesen, abgewendet und aufwärts, just auf das Kellerfenster, die verrätherische Stelle gerichtet, durch die Afrom auf ihn niederschaute.

Der Jude fuhr zurück.

Athemlos stand er da, den Spieß in der Hand, ohne Muth, ihn aus der Spalte zu ziehen, ohne Muth rasch und gewaltsam weiter zu handeln. Wohl konnte er durch ein keckes Vordringen Alles gewinnen, doch auch Alles verlieren. Der Erfolg war zweifelhaft, deshalb stand er da, athemlos, von entsetzlicher Angst gepeinigt, daß er sich verrathen habe, der Schatz für ihn verloren sei.

Doch stille blieb es in dem Keller; der darinnen Weilende hatte wohl nichts weiter bemerkt.

Jetzt zog Afrom den Spieß langsam zurück und sich abermals niederkauernd überlegte er, was zu thun sei, dann und wann einen gierigen Blick in den Keller werfend, wo er den alten Mann wieder ruhig bei seiner früheren Beschäftigung sah, Geld — Geld in Rollen und Säckchen zu zählen und zu bergen.

Eine geraume Weile brachte er also und überlegend zu.

Der Schatz war demnach in Wirklichkeit vorhanden, er konnte ihm, dem Wissenden nicht mehr entgehen. Das Haus war schlecht verwahrt, besonders von der Gartenseite, wie auch ein Einsteigen durch die Fenster der ersten Etage ein Leichtes war und in aller Ruhe und Sicherheit ausgeführt werden konnte. Auch der Weg nach den Kellerräumen mußte nicht schwer zu finden sein und das Oeffnen des Schrankes würde dann auch kein Hinderniß mehr bieten. Deshalb wolle er getrost noch einen Tag warten und dann geruhigt den sichern Weg gehen. Noch saß er da und legte sich seinen Plan zurecht, als er plötzlich von der Hochstraße her Schritte zu vernehmen glaubte, die sich eiligst näherten.

Rasch sprang er vom Boden auf und horchte.

Es war also. Leute kamen die stille Gasse herauf und auf ihn zu.

Er lehnte den Spieß vorsichtig wider die Mauer, nicht ohne einen Kitzel zu empfinden, dem allzusorglosen Nachtwächter einen lustigen Streich zu spielen und die lange Waffe durch den Hopfenkorb des nahen Bierhauses, der von dem Gringkopf über der Thüre ruhig in die Straße herabhing, zu stecken. Doch die Vernunft siegte. Der Spieß lehnte ruhig an seiner früheren Stelle und die Gestalt des Juden verschwand in dem dunklen Schatten der nächsten Häuser, bevor die eiligst Näherkommenden ihn zu erblicken vermochten. —

Krakopp hatte in seinem Laufe bald den Dom erreicht; durch die Litsch war er in die Trankgasse und von da in die Johannisstraße gelangt. Vor einem Hause von stattlichem Aussehen machte er Halt und begann ohne Zaudern stark und anhaltend an der, neben der Thür angebrachten Klingelschnur zu ziehen. Im Hause war es bald lebendig geworden und die rauhe Stimme eines Mannes tönte barsch aus einer Kammer im Erdgeschoß hervor mit der Frage, wo es denn brenne?

„Mach' auf Jan, mach' auf! Ich muß Herrn Göbbels sprechen, gleich auf der Stelle!"

Im Hause hörte man ein dumpfes Murren, das fast wie Fluchen klang, doch einen Augenblick später öffnete sich die Thüre nach allerlei Gerassel und Knarren von Ketten und Schlössern und Krakopp stand vor seinem ehemaligen Kameraden, dem Knechte des Hauses Göbbels, der sich ihm indessen in einem höchst unvollständigen Kostüm, oder vielmehr in dem allervollständigsten Nacht= kostüm präsentirte.

„Was hast Du denn dem Herrn so Eiliges und Wichtiges bei nachtschlafender Zeit zu sagen!" brummte Jan. „Hätteſt wohl bis morgen warten können."

Doch Krakopp antwortete auf diese Frage nicht. Keuchend und noch außer Athem von dem raschen Laufe, tappte er sich schon nach der Treppe hin. „Stecke die Herrenleuchte an, Jan, mit der Du Deinem Herrn aus dem Wirthshauſe heimleuchteſt, Herr Göbbels wird so= gleich das Haus verlassen." Mit diesen Worten eilte er, mit der Oertlichkeit wohlbekannt, die Treppe hinauf und während der Knecht brummend und fluchend über die unwillkommene nächtliche Störung nach seiner Kam= mer schritt, um mit Stahl und Stein Feuer zu schlagen, klopfte der Nachtwächter schon ziemlich stark an eine der Thüren des ersten Stockwerkes, des Schlafzimmers des ehemaligen, kurkölnischen Herrn Gewaltrichters.

„Was giebt's, wer ist da?" rief von innen eine starke

Stimme, der man kaum anhörte, daß ihr Besitzer plötzlich aus dem ersten Schlafe aufgeweckt worden war.

"Macht auf Herr! Zieht Euch an und kommt! Er ist dabei und Ihr könnt es sehen. Doch keinen Augenblick dürft Ihr zaudern."

In der Kammer war es schon lebendig geworden, doch die Thüre öffnete sich nicht.

Krakopp wurde ungeduldig. Noch einmal klopfte er, wenn auch weniger stürmisch.

"Herr Göbbels!"

"Schon gut! Geht hinunter Krakopp, ich komme gleich. Laßt Euch für euren Gang derweil vom Jan ein „Kleinkännchen Kloren" einschenken, das ist gut für die Nachtkühle."

"Es ist aber nicht kühl, Herr Göbbels; ich schwitze ganz gehörig!" entgegnete hastig der schweißtriefende Nachtwächter, der schon im Geiste den ihm in Aussicht gestellten Kronenthaler in einen „Kleinkännchen Kloren" sich auflösen sah.

"Dann ist es gut für die Hitze!" schallte es von innen heraus und in so barschem, gefahrdrohenden Tone, daß Krakopp es für gerathen hielt, nichts mehr zu erwidern, sondern die Beine in die Hand zu nehmen und sich die Treppe hinabzumachen.

Unten fand der etwas entnüchterte Nachtwächter den Jan in seinem idyllischen Kostüm wie vor einer

Weile. Er hatte die Herrenleuchte, eine gewaltige Laterne mit einem Mäntelchen von altem verblichenen Kattun, angezündet und war juſt babei, eine dickbäuchige Kanne herbeizuſchleppen mit zwei kleinen Zinnmäßchen, denn er hatte den Befehl ſeines Herrn wohl und gerne, wenn auch nicht ganz genau vernommen. Dies zeigten die zwei Kleinkännchen zur Genüge, die er nun füllte und von denen er das eine ſelbſtverſtändlich an den Mund ſetzte, um es mit raſchem, kunſtgemäßen Zuge zu leeren.

„Trink Du es für die Kälte," brummte er beim Einſchenken. „Der dort oben mag es meinetwegen für die Hitze trinken — ich trinke es für Beides und — weil es gut ſchmeckt. Und nun Krakopp paß auf! Eins, zwei, drei!" —

A Tempo hoben die beiden Männer, ſich vortrefflich verſtehend, die Zinngefäße und — „Eins! — Zwei! —"

Doch der kühne Hinunterguß war noch nicht vollendet, der letzte Tropfen des edlen Getränkes, das da für Kälte und Hitze gut war und noch beſſer ſchmeckte, noch nicht die ſchlinggewohnten ausgepichteten Gurgeln hinabgelaufen, als ſchon die Stimme des Herrn Göbbels auf der Treppe laut wurde, die da rief:

„Drei! — und nun marſch fort!"

Wie flogen die Zinnkännchen vom Munde und auf den Tiſch nieder, im nächſten Augenblick die beiden Flü=

gel der in der Höhe getheilten Thür auf und während der in seinem etwas gewagten, gespensterartigen Kostüm herumspringende Jan diese Obliegenheit ausführte, hatte Krakopp schon die große Herrenlaterne ergriffen und war im Nu auf der Straße, Herrn Göbbels voranzuleuchten.

„Du erwartest mich Jan!" sagte Letzterer noch zu dem Knecht. „Aber kein Kleinkännchen mehr. Dafür aber kannst Du Dir die „Botz" anziehen, das ist gut für Kälte und Hitze und dabei — anständig!"

Damit ging Herr Göbbels seiner Wege und scharf hinter dem schon tüchtig voranschreitenden Krakopp drein.

Ob der Knecht beiden Befehlen seines Herrn nachgekommen, bin ich nicht im Stande anzugeben, glaube aber keine Sünde zu begehen, wenn ich solches in Bezug auf das „Kleinkännchen" mir zu bezweifeln erlaube.

Nach etwa einer Viertelstunde tüchtigen Marschirens nahten beide Männer ihrem Ziele, der Sternengasse, und waren endlich vor dem Molenaar'schen Hause angelangt. Ein Blick auf das verrätherische Kellerfenster zeigte dem Nachtwächter zu dessen größter Freude, daß noch Licht in dem untern Raume sei, daß sie also noch nicht zu spät gekommen, und rasch flüsterte er seinem Begleiter zu, sich zu bücken und durch die Spalte zu schauen.

Herr Göbbels machte zwar ein saures Gesicht, als es solcher Anstrengungen bedurfte um zu sehen, was er am Ende doch gerne sehen mochte, doch war er über=

raschend schnell in lauernder Stellung vor den Planken und schaute nun durch die Spalte in den Kellerraum.

Auch sein Auge glühte, auch sein ganzer Körper zuckte förmlich zusammen — just wie dies vor einer kleinen Weile bei dem Spitzbuben der Fall gewesen — ob dem was er da unten erblickte.

Beim matten Schein einer kleinen, bald niedergebrannten Talgkerze saß Herr von Molenaar in unordentlichem Nachthabit vor einem offenen Schranke in der Mauer des Kellers angebracht, und auf einem alten Tische, der vor ihm stand, lagen Haufen von Kronenthalern, die er abgezählt und in Säckchen steckte, welche die Münzen wohl enthalten haben mochten. Die gefüllten und zugebundenen Säckchen stellte er dann vorsichtig in den schmutzig düstern Mauerschrank zu andern dort aufgestapelt liegenden. Es wurde dem Schauenden fast bleumourant vor den Augen ob des vielen Geldes, das er da zu schauen bekam, und sonst ein guter Zähler und Rechner, wußte er doch nicht ob er richtig gezählt, als er die Summe von dreißig Stück herausbekommen. Waren nun in jedem Säckchen etwa 300 Kronen, oder nur Speziesthaler enthalten, so gäbe das zusammen, plump gerechnet, eine runde Summe von etwa — 30,000 Gulden kölnisch, oder annähernd von — 50,000 Franken — für die jetzige geldarme Zeit ein kolossales seltenes Baarvermögen!

Bei solchem Schauen und flüchtigem Zählen und Rechnen trat dem biedern Herrn Göbbels heißer Schweiß auf die Stirn und er hatte Mühe seiner innern Bewegung Herr zu werden.

Wie war es möglich, daß ein solcher ungewöhnlicher Reichthum hatte verborgen bleiben können, denn sein Besitzer galt zwar für einen aristokratischen Mann, doch zugleich auch für nichts weniger als reich. Und dann — wie lange hatte das Geld schon nutzlos, ohne zu arbeiten, Zinsen zu tragen, in dem Kellerloche gelegen! Es war eine Sünde und Schande. Also dachte Herr Göbbels immer noch an der Erde lauernd, in den Keller schauend und zeitweise sich den Schweiß abtrocknend. Und die Tochter dieses Crösus wollte sein Sohn Heinrich heirathen! Er hatte ihr Jawort und wie er wußte, auch das des Vaters des Mädchens, des Geizhalses, der da unten, dicht vor seinen Augen in seinen vergrabenen unbenutzten Schätzen kramte. Gleich morgen am Tage wollte er hin zu dem alten Narren, um die Heirath — natürlich auch die Mitgift, in Ordnung zu bringen und in einem Monat schon sollte Alles richtig sein und das schöne Geld arbeiten — arbeiten, auf daß es die verlorenen Zinsen wieder einbringe. Also beschloß er zu thun.

Mittlerweile hatte Herr von Molenaar die sämmtlichen Säckchen wieder gefüllt und in den Schrank geborgen. Jetzt schloß er die eiserne, mit starken Stäben verwahrte Thüre und laut knarrend spielte das gewaltige Schloß. Den Schlüssel, das fast niedergebrannte Licht nehmend, verließ er endlich den Keller; am Ausgang noch einen letzten zufriedenen Blick auf den Wandschrank, den so gut verborgenen reichen Schatz werfend. Dann ward es dunkel in dem Raume, schwarz und stille wie in einer unterirdischen Grube.

„Geizhals!" murmelte Göbbels mit wahrem Ingrimm, als er sich nun mit Mühe vom Boden erhob und seine maltraitirten Glieder, die an ein derartiges Kauern nicht gewöhnt waren, reckte und rieb. Dann winkte er den Nachtwächter heran und sich mit ihm einige Schritte von dem Hause entfernend, sprach er leise, doch mit freudig erregtem Tone zu ihm:

„Ihr habt mir die Wahrheit gesagt, Krakopp, als ich Euch vor ein paar Tagen rufen ließ und über den Schatz befragte, von dem Ihr damals im Pantaleons=Wingert gesprochen. Der Alte hat in der That einen solchen in seinem Hause und darum nehmt Euren Lohn und einstweilen die zwei Kronen hier $ hoffentlich kann ich später noch ein paar hinzufügen, wogegen Ihr hoffentlich nichts einzuwenden haben werdet."

Der Nachtwächter dankte überglücklich für das reiche Geschenk. Hatte er doch nur auf einen Kronenthaler zu hoffen gewagt. Doch es waren deren zwei, wie es der

Kleinkännchen zwei gewesen. Das mußte etwas ganz Merkwürdiges zu bedeuten haben.

Rasch ergriff er den Spieß und die Herrenlaterne, um Herrn Göbbels heimzuleuchten. Doch dieser nahm die gewaltige Leuchte in die Hand, meinend, daß er den Heimweg schon allein finden würde, sintemalen auch Mitternacht nahe sei, wo der Nachtwächter der Zint=Pitters=Pfarre seines Dienstes zu warten habe. Dann schritt er ohne sich weiter um den staunenden Krakopp zu kümmern, der dem gestrengen Herrn, der sich höchst eigenhändig heim zu leuchten geruhte, wahrhaft verdutzt nachschaute, die Sternengasse hinab, mit leichtem, fröhlichen, fast tänzelnden Schritt, allerlei Lieblein brummend und dazwischen murmelnd:

„Allerdings ist das ein Schatz, den zu heben schon der Mühe lohnt. Ich will dies Geschäft indessen meinem schmucken Heinrich überlassen, der versteht schon damit umzugehen. Doch zur Vorsorge will ich ihn auf den rechten Weg, die ganze Geschichte in's rechte Gleis bringen und das gleich morgen am Tage. Und damit Punktum!"

Noch hatte Krakopp sich nicht von seinem Erstaunen, seiner freudigen Ueberraschung ob der zwei erhaltenen Kronen erholt, als von Zint=Pitter die zwölfte Stunde schlug. Nun kam Leben in die Gestalt des schier versteinerten Nachtwächters. Den langen Spieß schulternd, die Klepper gewandt handhabend, schritt er die Sternen=

gaffe hinauf, laut fein Sprüchlein herleiernd, doch in feiner Freudigkeit die monotone Melodei mit allerlei kühnen Schnörkeleien verzierend, wie auch mancherlei gewagte Varianten in den fonft fo wohlgefetzten und paffenden Text anbringend.

Er fang:

„Messieurs, Mesdames, ehr leeve Lück,
Tournez vous op de andre Sick.
Car wibber öm es no en Stund,
Minuit, zwelf Dohr es et gitzund
Schlooft good bes an den hällen Daag,
Nor fünfmol kleppr' ich noch biß Naach'
Zwelf O — o — o — o — o — o — o — ohr!"

Dabei handhabte und maltraitirte er feine Holz=
klapper auf eine wahrhaft vehemente Weife, ließ die zwölf fchallenden Schläge fo oft und fo rafch hinter einander ertönen, daß man anftatt zwölf Stunden, deren fechszig, zwei und fiebenzig mit leichter Mühe hätte zählen können und eine überftarke Natur dazu gehört haben würde, um bei diefem Spectakel und feiner angedrohten fünfmaligen Wiederkehr ruhig zu fchlafen „bis an den hällen Daag!"

Während der glückliche Nachtwächter in feiner luftigen zwei=Kronenthaler=Laune derartige Allotria in der Sternengaffe trieb, bog die Geftalt des Juden, aus dem

Schatten der Häuser tretend, in eine der Seitengassen ein, die nach dem sogenannten „krummen Büchel" führte. Er hatte Alles was da vorgegangen mit angesehen, ohne indessen im Stande gewesen zu sein, den Zusammenhang zu errathen. Eines nur ahnte, fühlte er. Beeilen mußte er sich, wenn nicht ein Anderer in der Hebung des Schatzes ihm zuvor kommen sollte. Deshalb rief er mit einem letzten sprechenden Blick auf das düstere Haus, diesem zu:

„Auf morgen!"

Eilftes Capitel.
Eine Werbung.

Am andern Tage war großes Leben in dem alten Hause in der Sternengasse und gewaltige Aufregung herrschte unter seinen sonst so ruhigen Bewohnern. Am Morgen hatte Jan, der Knecht des Hauses Göbbels dem Herrn von Molenaar einen großen rothpetschirten Brief überbracht, der von diesem mit sichtlicher Bewegung in Empfang genommen worden war. Nachdem das würdige Haupt des Hauses Kenntniß von dem Inhalt des Schreibens genommen, trug er dem harrenden Knecht auf, seinem Herrn zu sagen, daß es ihm, Herrn von Molenaar und seinem Hause eine große Ehre sein werde, Herrn Göbbels zur angezeigten Stunde, um drei Uhr Nachmittags zu empfangen, worauf sich Jan, nicht wenig verblüfft über den höchst feierlichen, doch sonst ganz trockenen Empfang und Abschied wieder auf die Lappen, das heißt: auf die Rückreise nach der „Zint=Jansstrooß" machte, doch nicht ohne vorher den Hopfenkorb des allernächsten Bierhauses bei Seite zu schieben und in besagtes Haus einzutreten, um sich durch ein Maß kölnisches Bier „Halv un Halv", welches er als gemäßigter Gourmand dem „Steckenalt un Kletschnaas" vorzog, zu sothaner Reise durch die verschiedenen Gassen und Gäßchen der weitläufigen Stadt gehörig zu stärken.

Mit vielsagendem, doch auch etwas umflortem Blick auf Goldengel hatte Herr Hilger den in der Familienstube versammelten Seinigen diesen Besuch des Herrn Göbbels mitgetheilt und nicht zu läugnen war es, daß diese Mittheilung auf die beiden Mädchen großen, doch auch den verschiedenartigsten Eindruck machte. Goldengels hübsches Gesichtchen erröthete sichtlich, während Billchens Physiognomie sich merklich in die Länge zog und um ein Bedeutendes blässer wurde, denn Beide ahnten — wußten, was dieser so feierlich angekündigte Besuch zu bedeuten habe. Doch es war keine Zeit, solchen Gefühlen weitern Ausdruck zu geben, denn vor allen Dingen mußten Haus, Treppen und Gänge und besonders die große stets verschlossene Staatsstube in gehörige Ordnung gebracht, gelüftet, gestäubt und wohnlich gemacht werden.

Zum bessern Verständniß der nun folgenden verschiedenen Begebenheiten müssen wir uns ein wenig näher in dem alten Hause der Sternengasse umschauen.

In der Mitte der Hausfronte befand sich die breite Eingangsthüre, die in einen geräumigen und hohen

Hausflur führte. Zu beiden Seiten desselben lagen die
großen verlassenen und zerfallenen Räume mit ihren
eisenvergitterten Fenstern, durch die wir schon in ver=
gangener Nacht einen Blick gethan. Nach dem Hof und
Garten zu lagen ähnliche, unbenutzte Gelasse, deren
sämmtliche Fenster ebenfalls mit starken Eisenstäben ver=
wahrt waren. Nur zwei dieser Räume wurden benutzt
und zwar als Küche, hinter der sich die Kammer der
Magd des Hauses, der alten Bärbel befand. Auch die
hintere Hofthüre war gut verwahrt. In der Mitte des
Hausflurs führte eine breite Wendeltreppe mit zierlicher
Holzgalerie in gefälligen Windungen aufwärts in die
oberen Stockwerke. Auf dem Hauptpfosten des Gelän=
ders befand sich noch ein geschnitztes Ungeheuer, ein zur
Zeit vollständig unkenntliches Wappen haltend. Im
ersten Stockwerk treffen wir wieder einen breiten Flur,
auf welchen verschiedene Thüren münden. Nach der
Straße zu liegen unter andern zwei Zimmer, wovon das
eine die Familienstube bildet, und ein größerer Raum
mit drei Fenstern, eine Art von Saal, der als Staats=
stube zu dienen bestimmt ist. Hinter dieser und nach
dem Hofe zu befinden sich die Schlafzimmer der beiden
Mädchen, untereinander, mit dem Saale und dem Flur
in Verbindung stehend. Hinter der Wohnstube ist das
Schlafzimmer des Hausherrn und noch ein anderes gro=
ßes Gelaß mit gewaltigen Schränken, die Leinen= und

Kleidervorräthe der Familie bergend, und zwei Fremden=
betten. Von dem Flur dieses ersten Stockwerkes windet
sich die Treppe aufwärts nach den oberen Theilen des
Hauses, doch plötzlich wird sie durch eine nothbürftige
Fallthür abgeschlossen, denn oben haust Niemand mehr.
Dort haben die Fenster weder Rahmen noch Glas, und
Wind und Wetter, Regen, Staub und Sonnenstrahlen
ziehen frei ein und haben sich im Verein mit allerlei
unnützen Hausthieren die vielen neben und übereinander
liegenden Räume zum Tummelplatz ersehen. Ungestört
hausen sie hier, nie beunruhigt durch einen Bewohner
des untern Stockwerks.

Alles spricht von ehemaligen guten Verhältnissen des
Hauses, der Familie, doch zugleich auch von deren Ver=
fall, denn trotz einer gewissen Ordnung und Reinlichkeit,
so weit solche in den bewohnten düstern Räumen, bei
dem veralteten starkgebrauchten Mobiliar zu handhaben
und zu erkennen sind, blickt das Herabgekommene, Aerm=
liche doch überall durch — wird immerfort durchblicken,
so viele Mühe sich auch sorgende Hände zur Stunde
geben, um es zu verdecken.

In der großen Staatsstube, worin die beiden Mäd=
chen emsig hanthieren, während Bärbel die Magd, voll
Eifer für ihr Haus, ihre Herrschaft, den untern Gang,
die Treppe reinigt, sieht es recht düster und auch ziem=
lich unwohnlich aus.

Die alten Möbel, Sessel und Sophas, im Geschmack der Epoche Ludwigs XIV., sind theilweise defect und ihre seidenen, ehemals buntgeblümten Ueberzüge vollständig verblichen, einige sogar derart zerrissen, daß sie nicht mehr zu repariren sind, wie Goldengel mit schmerzlichem Bedauern erkannte. Die Vorhänge der Fenster, von gleichen Stoffen, haben noch mehr von der Zeit und der brennenden Sonne gelitten, die zu gewissen Stunden ihre neugierigen Blicke in den großen Raum sandte und die schützenden Seidenwände zu durchdringen suchte. Dieses ist ihr denn auch im Laufe der vielen — vielen Jahre so gut gelungen, daß die Falten der Vorhänge zu langen klaffenden Rissen geworden, die nun zu allen Stunden des Tages das Licht einlassen. Blind ist der große Spiegel mit seinem geschliffenen und geschnörkelten Rahmen, blind und defect der Glaskronleuchter, der von der reich mit Stuckverzierungen versehenen Decke niederhängt. Verblichen bis zur Unkenntlichkeit sind die Blumen der Tapetenwände, und matt, fast schwarz die Messingverzierungen einer gewaltigen Boule=Uhr und eines ziemlich großen Tisches mit geschnörkelten Füßen. Erloschene, untergegangene Pracht überall, wohin der Blick sich wendet, vollkommen passend zu dem großen öden Hause, der herabgekommenen adeligen, doch blutarmen Familie.

Und dennoch, trotz alledem, herrscht in dem Raume

ein gewisses Etwas, das imponirt, einem Bürgerlichen, und sei er auch noch so reich, imponiren muß, denn es spricht beredter von früheren glänzenden Verhältnissen der adeligen und wirklich hoffähigen Familie, als das gegenwärtige Haupt derselben zu thun vermag.

Herr Hilger von Molenaar, der zur selben Zeit in seiner Stube sich mit seiner Toilette beschäftigt, ist dieser einzige und letzte Repräsentant des Hauses. Ein Vorfahr seiner Familie, die aus Flandern stammte, war zur Zeit des Kurfürsten Max Heinrich und durch die damalige Verbindung des Kurstaates mit Frankreich nach Köln gezogen worden und hatte sich dann mit der einzigen Tochter eines altkölnischen Hauses vermählt. Ein Sohn desselben diente dem durch den spanischen Erbfolgekrieg in harte Bedrängniß gerathenen Kurfürsten Joseph Clemens im Glücke sowohl wie in der Verbannung und nach dessen endlicher Rückkehr in seine Staaten. Nach langjährigem Aufenthalt an den Höfen zu Bonn, zu Paris, wo er im Interesse seines Fürsten weilte und handelte, kehrte er in das Stammhaus seiner Mutter, zu Köln in der Sternengasse gelegen, zurück. Dessen Nachkommen waren ebenfalls bei den folgenden Kurfürsten hoch angesehen, doch wie diese vergeudeten sie ihr Hab und Gut durch übermäßige Verschwendung und der Vater Hilgers starb arm, seinem Weibe und einzigen Sohne, außer dem alten Hause in der Sternengasse, so gut wie nichts hinterlassend. Ueber die vielen Schicksale der Familie haben wir früher schon aus dem Munde einer Nachbarin, der redseligen Frau Ophoven, manche Andeutungen vernommen, mit denen wir uns vor der Hand begnügen müssen.

Wenn nun auch Herr Hilger von Molenaar selbst an keinem Hofe gelebt, so hatten seine Manieren, sein ganzes Wesen doch unleugbar etwas Aristokratisches, das durch die Leutseligkeit und wahre Herzensgüte, die sich in Allem, was er that und sprach, kundgaben, nur noch mehr gehoben wurde. Deshalb imponirte er stets in gleichem Maße, als er Alle, die mit ihm in Berührung kamen, anzog und für sich einnahm. Er zählte zur Zeit etwa sieben und vierzig Jahre, doch mußte man ihm auf den ersten Blick ein höheres Alter geben, denn mancherlei Kummer und Sorgen hatten in dem sonst äußerst gut= müthigen Gesichte tiefe Spuren zurückgelassen. Als er seine Toilette beendet, ein alter Friseur aus der Nach= barschaft ihm die wohlfrisirte Perrücke aufgesetzt und tadellos gepudert, präsentirte er sich in seinem Habit nach altköniglich französischem Schnitt, seinen Kniehosen und seidenen Strümpfen, an denen indeß manche gestopfte Masche bemerkbar war, die feinen Hände von den weiten, etwas gelblichen Spitzenmanschetten fast bedeckt, wie ein echter Marquis jener Zeit, der die französische Revolution nicht allein das Todesurtheil gesprochen, sondern auch mit blutigem Erfolge versucht an ihr zu vollziehen.

Als er also in die Familienstube trat, fiel sein Blick mit ziemlicher Verwunderung auf seine beiden Töchter; besonders schien es ihm aufzufallen, daß Goldengel sich nicht in andere bessere Kleider geworfen. Das junge Mädchen mußte den staunenden und fragenden Blick des Vaters wohl verstanden haben, denn leicht erröthend meinte sie, daß, wenn der Vater es wünsche, sie ihr Hauskleid mit einem bessern Anzuge vertauschen werde.

„Gewiß, mein Kind, wünsche ich dies," sagte Herr Hilger in ernstem Tone. „Denn wer weiß, ob Du nicht auch bei der Unterredung nothwendig sein wirst," fügte er, seinen Ernst durch ein freundliches Lächeln verbessernd, hinzu.

Billchen war bei diesen Worten merklich blasser geworden; sie mußten ihr ja den letzten Rest von Hoffnung nehmen — wenn sie überhaupt noch hoffte — dafür aber den schon lange stillgehegten Neid in ihrem Herzen plötzlich wachsen lassen, dieses sogar dem Denken an dessen noch schlimmeren Bruder — den Haß öffnen. Hatte sie doch mehr als zuviel an den jungen Göbbels gedacht, der ebensogut mit ihr aufgewachsen und gespielt als mit ihrer Schwester Angela! Hatte er doch selbst bis vor kurzer Zeit ihr fast noch mehr Aufmerksamkeit erwiesen als jener! bis vor ein paar Tagen, bei jener Kirmes,

Alles und plötzlich ganz anders geworden war. Obgleich sie damals schon vollständig ahnte, wie es um die Herzen der Beiden stand und daß Heinrich für sie verloren sei, so drängte sie dieses Denken doch noch immer gewaltsam zurück, bis heute der angekündigte Besuch des alten Göbbels ihr volle Gewißheit, jeden Rest von Hoffnung unbarmherzig rauben mußte.

Bleich, mit zusammengekniffenen Lippen, wodurch ihr etwas schmales Gesicht nicht hübscher wurde, saß sie da und schaute, sich von der Schwester abwendend, durch das Fenster auf die Straße, als der Vater sich jetzt zu ihr kehrte mit der ziemlich gleichgültig ausgesprochenen Frage, ob sie nicht auch etwas Toilette für den werthen Gast, den das Haus erwarte, machen werde?

Billchen erhob sich. „Ich werde mich sogleich an= kleiden," sagte sie, indem sie langsam auf die Thüre zu= schritt, „und da ich bei der Unterredung vollständig überflüssig, demnach hier nur im Wege bin, so werde ich einen Besuch machen, zu unserer Nachbarin Frau Ophoven gehen."

Mit diesen Worten und ohne weitern Gruß ver= schwand sie. Besorgt blickte Herr Hilger ihr nach, mit Thränen in den schönen blauen Augen Angela. Doch der Vater wandte sich sofort wieder zu dieser und sie bei der Hand nehmend, sie sanft an sich drückend, sprach er tief erregt:

„Es ist heute ein wichtiger Tag für Dich, mein

Kind — für uns Alle! — wichtiger als Du Dir wohl denken magst. Doch hoffe ich zu Gott, daß er für uns, für alle Betheiligte, gut vorüber gehen wird. Was wir verlieren, werden wir durch seine gnädige Fürsorge in anderer Weise wiedererhalten und die Liebe zwischen uns wird bleiben, was auch da kommen mag, mein liebes theures Kind, dessen bin ich gewiß."

Nach diesen ernst gesprochenen Worten, denen das Mädchen fragend lauschte, küßte Herr Hilger sie auf die Stirne, dann sprach er weiter:

„Jetzt, mein Kind, gehe hinüber zu der Tante Göbbels, sage ihr, wen wir erwarten und daß ich sie bitten lasse, zur selben Stunde herüberzukommen. — Ich bedarf ihrer! — Geh!"

Dem Alten waren bei diesen Worten die Thränen in die Augen getreten und das Gesicht abgewendet, bedeutete er das nun wirklich ängstlich staunende Mädchen, seinen Worten nachzukommen.

Goldengel ging. Durch den Garten, eine breite Lücke in der alten Plankenwand, gelangte sie in den Hof des Nachbarhauses und stand bald in der stillen Zelle und vor der alten Frau. Doch diese war nicht allein. Ein Glücklicher war bei ihr und hatte ihr schon mitgetheilt, was Großes heute geschehen werde; wie der Herr Vater, der sich bis jetzt über seine Herzensangelegenheit mit keinem Worte ausgesprochen, seit heute

früh ein ganz Anderer geworden, wie er ihn habe rufen
lassen, ihm schmunzelnd gesagt, daß er die Wahl billige
und heute noch den Freiwerber bei Herrn von Molenaar
machen werde.

Die alte Tante lachte bei diesen Worten im ganzen
Gesichte. Er will gut machen, was er an mir gesündigt!
klang es in ihrem Innern und ihr gutes Herz freute
sich darob so sehr, daß sie Goldengel mit den heitersten
Blicken und Worten willkommen hieß. Heinrich aber
geberdete sich in fröhlichster Ausgelassenheit. Er nahm
seine hübsche junge Braut in seine Arme und erzählte
ihr nochmals die heutige vielverheißende Unterredung
mit seinem Herrn Vater, diesen Bericht, der in dem
Herzen des Mädchens hellen Sonnenschein verbreiten
mußte, mit oftmals wiederholten Küssen würzend und
ausschmückend, welche sich je rascher wiederholten, je
mehr Goldengel sich lächelnd dagegen sträubte, worüber
die alte ehrwürdige Tante in ein herzliches und recht
weltlich klingendes Lachen ausbrach. Endlich umfaßte
der glückselige Bräutigam seine Herzliebste und begann
mit ihr in der kleinen Zelle herumzutanzen, welche solche
profane Allotria wohl so lange ihre weißen und un=
schuldigen Mauern standen, nicht gesehen noch erlebt
haben mochte. Beide fielen schließlich der Alten, welche
staunend die Hände über dem Haupte und der weißen
Haube zusammenschlug, während ihre runde Gestalt sich

förmlich schüttelte vor Lachen, vor die Füße, sie gleich=
sam nochmals um ihren Segen bittend.

Doch die Alte war in ganz anderer Stimmung.
"An mein Herz, Kinder!" rief sie unter glücklichem
Lachen, und in die ausgebreiteten Arme stürzte sich das
junge hübsche und so überselige Paar, das runzelige,
doch so gutmüthige und liebe Gesicht der Tante derart
mit Küssen bedeckend, daß es von ihrer Seite ein ver=
zweifeltes Wehren gab, untermischt und unterstützt von
heiterm Schelten und neuem Lachen.

Endlich hatte Tante Göbbels die Glücklichen wieder
in etwas zur Raison gebracht und nun bestellte Gold=
engel unter allerlei komischen Ausschmückungen und
Ceremonien die Einladung des Vaters auf drei Uhr
und die Mittheilung, daß die sehr ehr= und tugendsame
Juffer Göbbels bei sothaner hochwichtiger Unterredung
der beiden gestrengen Herren Väter in ganzer leibhaftiger
Person gegenwärtig, oder wie man in heutiger fran=
zösischer Zeit sage, "présent" sein müsse.

Doch sonderbar! Je länger Goldengel sprach, je
drolliger sie ihre Rede auszuschmücken suchte, je ernster
wurde die eben noch so lustige Alte. Am Schlusse aber
saß sie da, die Hände gefaltet in ihrem Schooße, die
guten Augen von Thränen gefeuchtet auf das Mädchen
gerichtet, dasselbe lange und immer ernster, bänglicher
anschauend, ohne dabei irgend ein Wort zu reden. Ueber=

rascht, beängstigt fühlte sich Goldengel durch dies Thun, das auch den jungen Mann bald ernster stimmte. Endlich brach das Mädchen das peinliche Schweigen und erstaunt wie besorgt fragte sie:

„Um Gotteswillen, Tante Göbbels, was ist Euch?"

„Das ist die Strafe Gottes für unsere unzeitige allzuweltliche Fröhlichkeit," entgegnete nun die Alte langsam und mit einem Tone, der durchdrungen schien von der Wahrheit dessen, was er kündete. „Wir hätten vor allen Dingen an Ihn denken sollen, Kinder, und daß wir zu Allem, was wir thun und ganz besonders zu dem, was wir hier vorhaben, seiner Gnade, seiner Hülfe bedürfen! — Schweres zu überwinden, steht uns Allen bevor und deshalb thut uns Sammlung, ein Erheben des Herzens und des Denkens zu Ihm dort oben noth. So wollen wir es halten und fest und zuversichtlich hoffe ich, daß Er uns beistehen und Alles zum Guten wenden wird."

Gar stille und ernst war die eben noch so ausgelassene kleine Gesellschaft nach diesen seltsamen Worten geworden. Was kündeten sie? — Das Paar wußte es nicht und deshalb fühlten Beide ein eigenthümliches Bangen und Zagen, als ob ihrem jungen Glück entsetzliches Unheil drohe. Doch ein neuer Blick auf das liebe Gesicht der Alten verscheuchte solche wohl allzuschwarze Gedanken. Sie schaute wieder freundlich, wenn auch ernst auf Beide und ihre Worte waren liebevoll, wenn auch zur Geduld mahnend, zu Muth und Kraft auffordernd in der Stunde des Kampfes, der Trübsal.

In gedrückter Stimmung verließ Goldengel die Zelle der Tante Göbbels, die versprochen hatte, zur bestimmten Stunde in dem Nachbarhause zu erscheinen. Auch der Abschied des Mädchens von Heinrich war fern von lauter Fröhlichkeit gewesen. Er hatte ihr lange in die schönen blauen Augen geschaut und ihre Hand mit kräftigem Drucke haltend, sie aufgefordert, auf ihn, seine Liebe und Treue zu bauen, wie er felsenfest auf sie, ihr Herz baue und vertraue.

Daheim hatte Goldengel dem Vater die Antwort der Tante hinterbracht; auch in seinem ungewöhnlich ernsten Antlitz fand sie keine Ursache, heiterer zu werden. Sie schritt auf ihr Schlafzimmer zu, um ihren Anzug zu wechseln, wie sie dem Vater versprochen. Doch sonderbar, die Thüre von Billchens Zimmer, durch das sie mußte, war verschlossen und so war sie denn genöthigt, durch den Saal zu gehen, um zu ihrer Kammer zu gelangen. Auch hier war ein Versuch, die Verbindungsthüre der beiden Schlafzimmer zu öffnen, vergebens. Billchen mußte, nachdem sie zu der Nachbarin gegangen, sämmtliche Thüren verschlossen haben. Anders konnte es nicht sein, obgleich dies Thun außergewöhnlich und ziemlich befremdend war.

Die dritte Nachmittagsstunde schlug bald darauf und kaum hatte Herr Hilger die alte Juffer Göbbels, die in ihrem besten seidenen Regentuch, „Falje" genannt, kurz in ihrer Staatstracht erschienen, empfangen, als das mehrmalige rasche Niederfallen des kupfernen Klöpfels wider die Hausthüre mit lautem Schalle das Nahen des bedeutsamen Gastes verkündete.

Herr Hilger von Molenaar ging dem Eingetretenen bis an die Treppe entgegen und nachdem beide Herren sich geziemend begrüßt, führte der Hausherr mit passender Ceremonie seinen Gast in die große Staatsstube. Herr Göbbels stutzte zwar beim Betreten des Raumes mit seinen reichen Möbeln ein wenig, denn derartige Ausstaffirung war in den Bürgerhäusern Kölns selten, doch umspielte ein mitleidiges Lächeln seine derben Lippen, als sein scharfer Blick sofort die vielen Blößen erkannt, die da laut von „abligem Bebbelkrom" sprachen. Doch ungeheucheltes Erstaunen und eine durchaus nicht angenehme Ueberraschung zeigte er, als er nun seine ältere Schwester sah, die ernst und gemessen auf ihn zuschritt, um den Bruder zu begrüßen.

„Ich habe Juffer Göbbels gebeten, an unserer Unterredung Theil zu nehmen; es ist nothwendig!" sprach Herr Hilger, den fragenden Blick seines Gastes beantwortend.

Herr Göbbels begnügte sich mit dieser Erklärung

und ließ sich auf ein einladendes Zeichen des Haus=
herrn in einen der alten moderigen Fauteuils nieder,
welche als die bessern von Goldengel an den Tisch ge=
rückt worden waren. Zu einem zweiten Sessel führte
Herr Hilger die alte Tante Göbbels, dann nahm er
zwischen Beiden Platz und mit einer sprechenden Ver=
beugung gegen seinen Gast deutete er diesem an, daß
er bereit sei zu hören, was derselbe ihm etwa zu sagen habe.

Herr Göbbels, durchaus kein Freund von langen
Einleitungen, und wohl einsehend, daß er seine alte
Schwester nicht würde wegbringen können, obgleich er
deren Gegenwart nicht im geringsten zu begreifen im
Stande war, räusperte sich einigemale, dann begann er
mit kräftigem Tone und ohne Umschweife seine Aus=
einandersetzungen. Diese hatten indessen keineswegs den
Charakter einer wohlgesetzten Rede, wie solche zur Zeit
und bei ähnlichen Anlässen wohl üblich waren, sondern
gingen geraden Weges auf ihr Ziel los.

„Was mich herführt, Herr von Molenaar," sprach
er in der so frisch klingenden kölnischen Weise und
Mundart, „werdet Ihr wohl wissen, denn Eure Tochter
Angela wird Euch wohl dasselbe gesagt haben, was mein
Heinrich mir sagte. Beide wollen ein Ehepaar werden
und da ich gegen die Erwählte meines Sohnes nichts
einzuwenden habe, wie Ihr hoffentlich nichts gegen ihn,
so wünsche ich — das Ebengesagte als richtig stehend

vorausgesetzt — mit Euch, Herr von Molenaar, alles Nöthige zu einer solchen Verehelichung zu besprechen und festzustellen."

Lächelnd hatte Herr Hilger diese Worte mit angehört. Nun unterbrach er gleichsam den Sprechenden durch eine Handbewegung und sagte mit einer gewissen, dem derben kölnischen Bürger imponirenden Würde:

„Wenn ich den Gang unserer Angelegenheiten recht begreife, Herr Göbbels, so handelt es sich vorerst um Erledigung der Frage, ob wir Beide, die wir als Väter hier für das Wohl unserer Kinder zu sorgen haben, mit der gegenseitigen Wahl der jungen Herzen einverstanden sind. Mit Vergnügen habe ich vernommen, daß dies bei Euch der Fall ist und ich stehe nicht an zu erklären, daß ich die Wahl Angelas eine glückliche nenne, daß ich in ihrer Verbindung mit Eurem Herrn Sohne eine Garantie für ihr künftiges Lebensglück sehe, denn ich achte und ehre denselben als einen jungen Mann von vortrefflichen Eigenschaften des Herzens und des Geistes, was zu beobachten mir vielfach Gelegenheit gegeben war. Deshalb würde ich mit Freuden und von ganzem Herzen meine Einwilligung zu solcher Verbindung geben."

„Also wären wir in der Hauptsache einverstanden —"

„Noch ein Augenblick Geduld, Herr Göbbels —" unterbrach Herr Hilger ernst den Raschen. „Zuerst muß zwischen uns ein ganz eigenthümlicher Punkt erörtert werden, über welchen ich mir von Euch Geheimhaltung erbitte, im Falle — Ihr hernach von einer Verbindung absehen solltet."

„Was ist's?" sprach Herr Göbbels ziemlich aufgeregt.

„Ihr gebt mir das verlangte Versprechen?" fragte Herr Hilger nochmals, die Rechte seinem Gaste entgegenhaltend.

„Es sei!" sagte dieser einschlagend. „Doch nun sprecht, laßt mich nicht länger in dieser sonderbaren Ungewißheit."

„So hört denn! — Vor allen Dingen muß ich Euch bekennen, daß Angela — nicht meine Tochter ist."

„Das weiß ich ja längst, Herr!" entgegnete nach kurzer Pause Herr Göbbels. „Ihr seid der Stiefvater; Angela ist ein Kind aus erster Ehe Eurer seligen Frau."

„Angela ist nicht das Kind meiner verstorbenen Gattin und ich bin nur ihr Pflegevater."

Herr Göbbels schlug bei dieser höchst unerwarteten Mittheilung, Ort und Gesellschaft vergessend, mit seiner Faust so stark auf den Tisch, daß ein lautschallender ächzender Ton des morschen Möbels den großen Raum durchhallte und einen leisen Aufschrei einer weiblichen Stimme hinter einer der Thüren des Saales übertönte und für die drei Personen unhörbar machte. Dabei war der Aufgeregte von seinem Sitz aufgesprungen und schritt tief athmend im Saale umher.

Ruhig ließ Herr Hilger dies Alles geschehen; er mußte Nachsicht haben, denn die Mittheilung war in der That eine so außerordentliche, daß sie einen so nahe dabei Betheiligten, wie der kölnische Bürger, in größte Aufregung versetzen mußte.

Endlich sprach Herr Göbbels: „Und wenn Angela. nicht Eure Tochter ist — wessen Kind ist sie denn?".

„Das kann ich Euch nicht sagen, doch was ich darüber weiß, sollt Ihr erfahren und deshalb habe ich Eure Schwester, Juffer Göbbels, hierhergebeten."

Der Umherschreitende hielt plötzlich inne und einen seltsamen Blick auf seine Schwester werfend, schien er von dieser eine Erklärung zu verlangen. Doch Tante Göbbels blickte ihm so ruhig und ernst in das geröthete Antlitz, daß sich der Sturm in der Brust des leidenschaftlichen Mannes zu legen begann und er sich endlich geneigt fühlte, weitere Mittheilungen anzuhören, konnte er doch später thun und lassen, was und wie es ihm gutdünkte. Auch sah er die im Keller verborgenen Säcke mit Kronenthalern, die seinem innern Blicke schon ganz entschwunden, wieder deutlicher vor sich.

„Redet, Herr von Molenaar," sprach er endlich ruhig und sich setzend. „Ich will alles anhören, was Ihr mir über diesen allerdings seltsamen Casus zu sagen habt, alles, und ohne Euch zu unterbrechen und dann urtheilen. Sprecht!"

„Die Eltern Angelas kenne ich leider nicht. So schwer es mir wird, ich muß es aussprechen: die Aermste ist — ein Findelkind." So sprach Herr Hilger.

Einen zweifelhaften Blick warf Herr Göbbels auf den Sprecher, doch ohne ein Wort zu erwidern.

Das Antlitz der Tante Göbbels, welche bisher geschwiegen, bedeckte sich bei diesem schier beleidigenden Anschauen mit einer merklichen Röthe. Sie hob entschlossen den Kopf empor und ihren Bruder ernst und strenge anblickend, sprach sie:

„Es ist so, Gottfried, wie Herr Hilger Dir gesagt, und leider, daß es so ist. Ich will Dir den Hergang erzählen, denn Niemand kann dies besser als ich. So merke denn auf. —

„Es war am Tage des großen Wassers, am siebenundzwanzigsten Februar Anno 1784, da lag ich in meiner Zelle auf den Knien und betete zum Herrn für die vielen Armen und Unglücklichen, die da mit den Fluthen, dem Eise kämpften, für unsere arme Stadt, deren Untergang ja so nahe war. Die Nacht war angebrochen. Sechs Uhr mochte es vorbei sein, als ich plötzlich ein Klopfen wider das Fenster meiner Stube vernahm. Ich schaute auf, doch draußen vermochte ich nichts zu sehen, denn dunkel war die Nacht. Das Klopfen wiederholte sich, dringender, ungeduldiger. Ich trat nun an das Fenster und fragte zitternd, wer draußen sei? Eine rauhe Männer=

stimme antwortete mir; sie forderte mich auf, hinaus auf den Hof zu treten. Allein und ängstlich wie ich war, weigerte ich mich. „Es gilt ein Menschenleben!" flüsterte es von draußen. Dies Wort besiegte meine Furcht und gab mir plötzlich eine ungeahnte Kraft. Meine Seele dem Herrn empfehlend, öffnete ich die Thüre meiner Stube und trat durch den Gang hinaus in den Hof. Da stand ein großer Mann in einen Roquelaure gehüllt, den Dreitimp tief in die Stirne gedrückt, im Schatten der Mauer, also daß ich nur seine Umrisse zu erkennen vermochte. —

„Wie heißet Ihr?" fragte er mich leise, doch barsch. Ohne Furcht nannte ich ihm meinen Namen. Nun schlug er seinen Roquelaure auseinander und zu meinem Schrecken hörte ich nun ein leises Weinen wie das eines kleinen Kindes. Jetzt sah ich dasselbe, es war fast nackt, nur nothdürftig in alte Lumpen gehüllt und mochte wohl geschlafen haben, bis die kalte Nachtluft, gegen die der Rock des Fremden es bisher geschützt, es geweckt. Hastig reichte mir der Fremde das Kind dar. „Nehmt!" sprach er drohend, „oder es ist verloren! Es ist armer Leute Kind, die im Wasser verunglückt, nachdem sie Haus und Alles verloren. Ich kann und mag mich mit der armen Creatur nicht länger herumschleppen." — „Um aller Heiligen willen!" rief ich entsetzt durch diese Worte und zugleich auch verwirrt. „Was soll ich mit dem armen

Kinde anfangen?" — „Tragt es meinetwegen in das Haus nebenan, da wohnt, so viel ich weiß, ein Mann, der keine Kinder hat, der mag es behalten!" — Ich hatte noch nicht wieder geantwortet, wußte noch nicht, was ich sagen, beginnen sollte, als ich schon die kleine lebendige Last auf meinem Arme fühlte und zu Tod erschrocken aufblickend, suchte mein Auge vergebens den Fremden; er war in der Nacht verschwunden und ich allein mit dem armen hülflosen Wesen."

Die Tante machte eine kleine Pause. Ihre Worte waren so ernst, ihre Schilderung des seltsamen Vorfalls so lebendig und wahrheitsgetreu gewesen, und dabei hatte sie alles, was sie gesagt, so eindringlich an ihren Bruder gerichtet, daß dessen etwaige Zweifel geschwunden schienen und er still und aufmerksam der Sprecherin zuhörte.

„Und das war — Goldengel?" fragte er jetzt erstaunt.

„Höre nur weiter, Gottfried," entgegnete die Alte, die sich in ihrer Erzählung nicht unterbrechen lassen wollte. „Ich stand da mit dem armen weinenden Kinde auf dem Arme, unter Gottes freiem Himmel in der kalten Nachtluft, ohne zu wissen, was ich thun sollte. Wirr war es mir zu Sinnen und heiße Thränen weinte ich auf das arme frierende Geschöpfchen nieder. In meiner Stube hätte ich es nicht zu bergen gewagt, nicht für Alles in der Welt — lieber wäre ich auf der Stelle mit ihm gestorben. Da plötzlich kam ein frischer Muth über mich. Der Fremde hat mir wohlgerathen: ich will das Kind meinem Nachbar, dem guten Herrn von Molenaar bringen und mit dem überlegen, was zu thun ist. Sofort eilte ich durch den andern Garten und in das Haus zu dem Herrn Nachbar. Der war nicht wenig erstaunt, mich mit dem kleinen Kinde zu erblicken. Rasch erzählte ich ihm, was da vorgegangen und Herr Hilger war hocherfreut über das kleine Wesen und versprach mir ein über das andere Mal, ihm für's Leben Vater zu sein. Er war ordentlich selig durch den Schurkenstreich des Fremden gemacht worden und wie zitterte er erst, da ich sagte, mit welchen bösen Worten der Mann dem Kinde den Tod angedroht! Doch damit war es nicht gethan. Wir mußten Kleider, Nahrung für das Kind haben und wußten Beide nicht damit umzugehen. Nun wurde die alte Lene, die Magd, gerufen, die, Wittwe, zwei Kinder vor langen Jahren begraben hatte. Neues Staunen erfolgte jetzt, doch auch rasches Zugreifen und bald lag das Kindchen in allerlei Lappen und Tücher eingehüllt in einem warmen Bette. Ach, es war zu schön! und die Freude erst, als die Lene uns, einem Jeden allein zuraunte, daß es ein kleines Mädchen, etwa ein Jahr alt sei! — Doch genug davon! — Herr von Molenaar hatte bald noch größere Ursache, sich über die plötzliche und unerwartete Ankunft des Kindes zu freuen. Dies aber und was weiter geschah, mag er selbst erzählen."

Herr Hilger, welcher stille und recht traurig lächelnd zeitüber des Berichts dagesessen, erhub das gutmüthige Gesicht und fuhr fort, doch ohne den lebendigen Ton anzuschlagen, in dem seine Vorgängerin erzählt.

„Ich erwartete zur Zeit meine Base Frau Marie Hüls mit ihrem Manne, dem Werner und ihrer kleinen Tochter Angela. Ihr werdet wohl um das Unglück wissen, Herr Göbbels, das zur Zeit den Armen passirte. Am andern Tage fand ich meine arme Base todt im Hause Giersberg wieder, und Vater und Kind waren verschwunden, wohl in den Fluthen verunglückt und ihre Leichen durch das Wasser, das Eis, nach fernen Gegenden geführt worden. —

„Nun wurde mir das Kind in meiner Noth und Einsamkeit noch eins so lieb und nicht für mein Leben hätte ich's lassen mögen. Ich betrachtete es als einen Ersatz, den Gott mir für meine geschiedenen Lieben gegeben. Doch bei mir konnte es nicht bleiben. Ich entschloß mich kurz. Im jülicher Lande lebte mir eine entfernte Verwandte, die war Wittwe und hatte ein Töchterchen. Ich schrieb ihr einen Brief, die gute Juffer Göbbels miethete in der Stille eine Kutsche, die hielt eines frühen Morgens vor dem Hahnenthor und unsere

Lene machte sich mit der Kleinen auf den Weg. Vor dem Thore stieg sie ein, um keinen Verdacht zu erregen, und fuhr nach Jülich. Von dort wanderte die wackere Frau mit ihrer kleinen Last nach einer nahen Ortschaft, allwo Frau van Vallendahl, so hieß die Frau Baas, wohnte und brachte ihr Brief und Kind. Diese, eine gute Seele, nahm die Kleine und that, worum ich sie gebeten. Das Mädchen wurde vom Pfarrer des Ortes, der in das kleine Geheimniß eingeweiht worden war, zur Vorsorge nochmals getauft und erhielt — als Erinnerung an das verunglückte Kind meiner armen Marie — den Namen „Angela." — Ich besuchte die Frau Baas Vallendahl oft, doch konnte ich der Sehnsucht, die Kleine, die stets hübscher und mir lieber wurde, immer um mich zu haben, nicht mehr widerstehen und veranlaßte meine Verwandte, mit den Kindern in die Stadt und zu mir zu ziehen. Dies geschah. Mehrere Jahre blieben wir beisammen wohnen — dann — dann wurde sie meine Gattin und ich Vater der beiden Mädchen. Sie starb — der Herr habe sie selig! — Ich aber suchte bis heute die übernommenen Pflichten gegen die Kinder redlich und treu zu erfüllen, und als eine derselbe betrachte ich, Euch Herr Göbbels, die ganze Sachlage offen und ohne Rückhalt darzulegen. — Dies ist geschehen; Ihr wißt nun Alles, das heißt: so viel wir selbst über Angela wissen, die, komme was da auch wolle, an mir einen treuen, liebenden Vater haben soll, bis an mein Ende." —

Herr Hilger schwieg und schaute sinnend vor sich nieder. Tante Göbbels aber blickte mit ihren funkelnden Aeuglein ihren Bruder an, wohl auf's äußerste gespannt, auf das, was dieser nun sagen werde, doch auch bereit, wenn nöthig, sich in einen Kampf mit ihm einzulassen.

Doch Herr Göbbels sagte vor der Hand noch gar nichts. Auch er schaute sinnend zu Boden. Endlich, nachdem die Pause schon peinlich zu werden begann, hob er rasch den Kopf und Herrn Hilger voll und bange anblickend, sprach er:

„Eure letzten Worte, Herr von Molenaar, die ich mir gemerkt, überheben mich einer weitern nothwendigen Frage. Ihr erkennt also unter allen Umständen und Verhältnissen Angela als Eure Tochter an?"

„So weit ich dies kann und darf — ja! Wir machten wohl verschiedene Versuche, ihre Eltern aufzufinden; die Lappen und Lumpen, in die das Kind gehüllt war und es als wirklich von Eltern der unteren Volksklasse herstammend bezeichneten, haben wir heute noch aufgehoben. Aber all' unsere Bemühungen waren vergebens. — Die Arme! — Doch werde ich ihr immer Vater sein. Dies wiederhole ich hiermit nochmals und feierlichst."

„Und gleiche Rechte wie — dem andern Kinde Eurer seligen Frau, räumt Ihr dem Mädchen ein?"

„Wie versteht Ihr das, mein werther Herr?"

„Nun, gleiche Rechte auf — Eure Hinterlassenschaft."

„Ach Herr, das wird nicht viel sein!" erwiderte Herr Hilger ziemlich verlegen. „Doch was ich hinterlasse, soll den beiden Kindern zu gleichen Theilen gehören."

„Dann wären wir soweit in Ordnung!" rief Herr Göbbels mit recht freudig klingendem Tone. „Ich acceptire die Sache wie sie eben liegt und erwarte Stillschweigen darüber, wie ich solches Euch versprochen. Doch jetzt Schwester," wandte er sich an diese, „laß mich mit Herrn von Molenaar allein. Du hast Deine Pflicht gethan, jetzt muß ich die meinige thun, und das kann nur unter uns Beiden abgemacht werden."

Tante Göbbels erhob sich. „Ich danke Dir, Gottfried," sprach sie zu ihrem Bruder, indem sie ihm die breite Hand herzlich drückte. „Ich danke Dir, daß Du so handelst, es macht Manches zwischen uns wieder gut."

Nun grüßte sie noch Herrn von Molenaar, dann schritt sie langsam dem Ausgang der Staatsstube zu.

Die beiden Männer waren allein.

Herr Göbbels ging in ziemlicher Aufregung in dem großen Raume auf und ab, während Herr Hilger ruhig in seinem Sessel blieb, doch nicht wenig erwartungsvoll auf seinen Gast schaute. Endlich hielt dieser vor dem

Hausherrn und ihn mit seinen großen Augen scharf an=
schauend sprach er rasch:

„Machen wir der Sache ein Ende. Ich bin ein=
verstanden mit Allem, was Ihr gesagt und bereit, den
Heirathsvertrag meines Sohnes zu unterzeichnen. Be=
stimmt daher nur noch die Mitgift, die Ihr dem Mäd=
chen zugedacht. Ich für meinen Theil bewillige meinem
Heinrich — 2000 Kronen, das ist schon etwas und vor=
erst genug, um ein Haus zu kaufen und einzurichten.
Aber zum Leben müssen die Kinder noch etwas mehr
haben. Heinrich ist Jurist, aber in gegenwärtiger fran=
zösischer Zeit sind die Verhältnisse schwer zu lenken und
zu leiten und deshalb muß noch etwas da sein, auf daß
in der ersten Zeit keine Nahrungssorgen sie heimsuchen.
Später findet sich das gute Auskommen von selbst.
Also nennt die Summe, die Ihr Eurer — Tochter in
Baaren mitgeben könnt und wollt. — Laßt es meinet=
wegen auch 2000 Kronen sein und die Sache ist in
Ordnung. Ihr seht, ich bin billig und gerecht."

Herr von Molenaar schaute groß auf. „Ich bin
leider nicht in der Lage, Herr Göbbels," erwiderte er,
„meiner Tochter Angela irgend eine Mitgift geben zu
können. Ich bin — arm; dies Haus, einige wenige und
höchst unbedeutende Einkünfte, ist Alles, was ich besitze
und weder 2000, noch 200 Kronen vermag ich in Baarem
zusammenzubringen. Ihr müßt eben davon absehen."

"Bah!" machte Herr Göbbels. "Ich weiß das besser! Ihr seid ein Mann, der auf seinen Thalern sitzt, wie die Henne auf ihren Eiern. — Ihr habt Recht! aber einmal müßt Ihr doch mit dem Gelde herausrücken, deshalb thut es jetzt. Sind Euch 2000 Kronen zu viel, so mögen es meinetwegen — 1500 sein; die andern entgehen uns ja doch nicht! — Ich halte, was ich gesagt."

"Ihr irrt Euch wahrlich in mir, Herr, ich kann über keine solche Summe verfügen."

"So laßt es für jetzt nur 1000 sein! aber kein Fett= männchen weniger, sonst wird mein' Seel' aus der gan= zen Geschichte nichts — denn ich hab' auch einen Kopf und der ist wohl so hart als der Eure!" So sprach Herr Göbbels nun mit erhobenem Tone und merklich geröthetem Gesichte.

"Ich bitte, den Scherz zu enden, denn nochmals: ich habe kein Geld! Nichts, außer einer kleinen Aus= stattung, kann ich meiner Tochter mitgeben."

Nun blieb Herr Göbbels vor dem ganz zusammen= gesunkenen Manne stehen und sagte, sich zu ihm nieder= beugend und auf jedes Wort Gewicht legend:

"Und der Schatz, die Säcke mit Kronenthalern in Eurem Keller, wem sind denn die, he?"

Der Angeredete fuhr empor. Leichenbleich war sein Antlitz geworden und die zitternden Hände nach dem

Sprecher ausgestreckt, die weit aufgerissenen Augen starr auf ihn gerichtet, stammelte er:

„Was — was wißt Ihr — von einem — Schatze — in meinem Keller?"

„Beruhigt Euch nur, alter Herr," entgegnete Göbbels lachend über die Angst des Geizhalses, wie er wähnte. „Beruhigt Euch! Ich habe nur einen Blick in eure Schatzkammer gethan, als Ihr in vergangener Nacht die Säcke zähltet. Ihr habt übrigens euer Versteck nicht gut gewählt, denn schon haben noch andere Augen als die meinigen durch die Spalten der Planken den Schatz erspäht. — Wenn erst die Franzosen dahinterkämen! — Das müßt Ihr ändern, Herr, und ich will Euch dazu behülflich sein. Aber vorerst sagt mir, wie viel von den Säckchen Ihr von Eurem Herzen losreißen wollt, um sie Eurer Tochter, die Ihr doch hoffentlich noch mehr liebt als die kalten Silberstücke, zu geben, damit sie glücklich werden kann."

Herr von Molenaar war auf seinen Sitz zurückgesunken; seine ganze Gestalt schien gebrochen und zuckend fiel das Haupt ihm auf die Brust nieder, während eine seiner Hände sich fast convulsivisch auf dem Tische bewegte. Endlich hauchte er:

„Keinen Heller kann ich von dem Gelde hergeben, es ist nicht mein Eigenthum."

„Wer das glaubt?!" höhnte förmlich Herr Göbbels.

„Wäre das Geld mein — Alles — Alles gäbe ich mit Freuden hin, um mein Kind, das ich mehr liebe als mein armes Leben, glücklich zu machen. — Aber ich kann nicht — ich darf nicht! Das Geld ist ein mir anvertrautes Gut, das mir heilig sein muß — und heilig ist!"

Herr Hilger hatte diese Worte mit solcher tiefen Ueberzeugung gesprochen, daß der Andere wirklich stutzte.

„Da haben wir's!" brummte er. „Eine neue Geschichte!"

„Setzt Euch, Herr Göbbels! Auch diese sollt Ihr vernehmen und dann mögt Ihr selbst urtheilen."

Noch eine Weile dauerte es, bis der also Ange= redete sich gesetzt, dann begann Herr Hilger langsam und leise:

„Das Geld, über 30,000 Gulden kölnisch, ist Eigen= thum meines verschwundenen Vetters, Werner Hüls. Kurze Zeit vor dem schrecklichen Eisgange, Anfangs Februar 84, brachte er es mir. Es war eine Summe, die ihm unerwartet von einem früheren Schuldner seines verstorbenen Vaters, dem holländischen Kaufherrn Dirk= Grooten, eingegangen. — Bei dieser Gelegenheit sahen Werner und ich uns zum ersten Mal. Wir bargen Beide das Geld in dem festen Schrank des Kellers und verwahrten die Fenster mit den Planken. Er wollte mit den Seinigen zu mir kommen, wegen der nahenden

Wassernoth. Doch ich sah ihn nicht wieder. Ist er todt — lebt er noch? — Ich weiß es nicht; volle Gewißheit seines Todes habe ich nicht, und so zweifle ich noch immer. Das viele Geld aber habe ich seit jener Zeit gehütet — mit den schwersten Sorgen gehütet, denn ich meinte immer — und meine es noch immer: es werde mir eines Tages wieder abgefordert, und unglücklich — gebrandmarkt für ewig wäre ich, fehlte alsdann auch nur ein Heller an der Summe. — Ihr seht also Herr, daß ich nichts davon nehmen kann, noch darf. Schon ein Denken daran macht mich unglücklich. — O wenn Ihr wüßtet, welches Leid mir der kalte Mammon schon bereitet! — In der Nacht wache ich auf — und horche! — weil ich glaube, daß Diebe bei mir einbrechen, um mir den Schatz — meine Ehre — Alles, zu stehlen. Wie oft habe ich mich hinuntergeschlichen in den Keller, von fieberhafter Angst getrieben, von Zweifeln gepeinigt, habe Sack um Sack ausgeleert — gezählt und wieder gezählt, um mich zu überzeugen, daß die Summe noch immer voll und richtig sei und ich kein verlorener — entehrter Mann geworden! — Wie gern gäbe ich das Geld her, wenn ich dürfte! — Doch darf ich es nur dem wieder geben, dem es gehört und wenn ich es bis an mein Ende bergen, mit meinem Schlaf, meiner Ruhe bewachen müßte!"

Mit wirklichem Mitleid hatte Herr Göbbels diesen

Worten gelauscht, sie schienen ihm Wahrheit, wie Alles, was er von dem Manne bis jetzt gehört. Doch bald empörte sich sein ganzes Denken gegen eine solche Handlungsweise, gegen die Denkungsart des Adeligen, die der kölnische Bürger nicht begriff, die er sogar als praktischer Mann mißbilligen, verdammen mußte.

„Also sechszehn volle Jahre liegt das schöne Geld da, ungenützt, ohne zu wachsen, Zinsen zu tragen? Unerhört! — Mensch, wißt Ihr, was Ihr da eigentlich gethan habt? — Das ist eine Sünde, die Ihr nie wieder gut machen könnt! Ja, erschreckt nur! — Sündig, zum wenigsten unsinnig habt Ihr gehandelt. Ihr seid trotz allen Zweifeln innerlich — ich kann es Euch beweisen — von dem Tode Eures Vetters Hüls überzeugt. Und er ist todt, wo sollte er sonst sein und warum nicht kommen, wenn es anders wäre? Dennoch glaubt Ihr, das Geld abliefern zu müssen? — An wen denn eigentlich? Keine Seele wird sich darum kümmern und wenn Ihr auch noch hundert Jahre den Schatzhüter macht. Von der ganzen Familie ist Niemand mehr am Leben, als Ihr. Ihr seid demnach der einzige und letzte rechtmäßige Erbe, also ist Euer das Kapital und frei könnt und dürft Ihr darüber verfügen. So ist's richtig und recht und denkt, handelt Ihr anders, so ist es ein Irrthum, ein Unrecht! Dabei bleibt's und damit Punktum! Und nun sagt mir, ob Ihr die verlangten 1000 Kronen zum Besten unserer Kinder, Eurer Tochter, von der großen Summe trennen wollt oder nicht? — Die weitere Verwerthung des Kapitals findet sich dann von selbst! — Antwortet, aber bedenkt, daß Eure Worte für unsre Angelegenheit entscheidend sind."

Jetzt richtete sich Herr von Molenaar auf. Ohne eine Miene zu verziehen, hatte er den brausenden Redestrom des Andern, mit all' seinen Härten, über sich ergehen lassen. Ruhig blickte er dem Aufgeregten in das geröthete Antlitz und mit einem schmerzlich=resignirten Tone sprach er:

„Ich kann nicht über etwas verfügen, was nicht mein ist, mein Gewissen, meine Ehre — oder wenn Euch das Wort nicht recht ist, meine Denkungsart — verbieten mir dies. Mein ganzes Wesen sträubt sich dagegen, denn wenn Werner, sein Kind nun doch noch am Leben wären, wiederkehrten? — O das wäre ein Himmelsglück für mich und gerne — gerne wollte ich dann sterben! — Aber wenn ich ihnen dann entgegentreten müßte, mit dem Bekenntniß, daß ich ein schlechter Hüter gewesen, daß ich mit Wissen und Willen von dem Ihrigen genommen — sie bestohlen! — Nein, nein! — Mein Kopf schwindelt; ich wäre verloren — verdammt, für jetzt und immer!" —

Eine kleine Pause machte der in der That zusammenschaudernde Mann, dann fuhr er wieder mit seinem sanften, bittenden Tone fort: „Seid gut, Herr, und glaubt mit mir, daß unsere Kinder auch ohne die verlangte Summe glücklich werden können. O steht deshalb ab von Eurem Begehren, ich bitte Euch um ihretwillen, um meines armen gequälten Herzens darum!"

„Ist das Eure letzte Antwort?" sprach mit steigendem Zorne Herr Göbbels, ohne auf die Seelenpein des Andern zu achten.

„Ich kann und darf nicht anders sprechen und handeln," erwiderte Herr Hilger fast tonlos, doch mit einer gewissen Bestimmtheit.

„Nun denn," brauste Herr Göbbels auf, indem seine Lippen zitterten, seine Hände fast convulsivisch zuckten und seine ganze Gestalt sich unter einer, nicht mehr zu bezähmenden Aufregung senkte und hob. „Nun denn, Eigensinn gegen Eigensinn! Dann wird aus der Heirath nichts — nichts! — so wahr — so wahr mir Gott helfe!"

Hinter den Thüren, die zu dem Saale führten, wurde im gleichen Augenblick, als dies harte Wort, das gleich einem Schwur und Fluch den Raum durchhallt, verschiedenartiges Geräusch hörbar. Es klang wie ein Aufschreien von Frauenstimmen und das Fallen eines Gegenstandes auf den Boden. Die Ursache eines dieser Aufschreie erschien auch sogleich unter der Thür, welche den Saal mit der Wohnstube verband. Es war die Tante Göbbels. Sie hatte das Haus nicht verlassen wollen, ohne das eigentliche Resultat der Unterredung zu erfahren und deshalb einstweilen in der Wohnstube ihren Aufenthalt genommen. Niemand war da und die Stille, die ringsum herrschte, ließ sie jedes Wort des ziemlich laut geführten Gespräches vernehmen.

Mit flammendem Auge war sie bei den letzten dräuenden Worten ihres Bruders aufgesprungen und ohne sich lange zu besinnen in den Saal getreten. Im folgenden Augenblick stand sie neben ihm, der in seiner maßlosen Wuth den Dreitimp erfaßt hatte und davon stürmen wollte — auf Nimmerwiederkehr.

Ihre Hand legte sie auf seinen Arm und mit zit= ternden Lippen rief sie ihm zu:

„Gottfried — nimm das Wort zurück!"

Der also Angeredete wandte sich um und erblickte seine Schwester.

„Laß es genug sein an Einer deines Blutes, die Du — deine Habsucht unglücklich gemacht — laß es an Ihm genug sein, den Du in den Tod gejagt! Begehe nicht ein zweites gleiches Verbrechen an deinem eigenen Sohne — an dem Engel, den der Herr ihn zu seinem Heile finden ließ!"

Göbbels Gesicht wurde erdfahl, doch seine Augen erhielten einen schrecklichen Ausdruck. Sein Zorn, seine Wuth kannten keine Grenzen mehr.

„Erinnere mich nicht an Vergangenes, nicht an

Ihn, Schwester! — Und wenn Er aus der Erde, von den Todten wieder auferstände, ich jagte ihn nochmals davon, aus meinem Hause, aus der Stadt! Und wie ich vor vierzig Jahren keinen Bettler in meiner Familie gewollt, so will ich auch jetzt in ihr — keine Bettlerin!"

Letztere Worte hatte er in einer furchtbaren Aufgeregtheit, mit einem grimmen Hohne dem Herrn von Molenaar, der zusammengebrochen, wie leblos in seinem Sessel saß, zugeschleudert. Nun riß er sich gewaltsam los, also daß seine alte Schwester einige Schritte zurücktaumelte und verließ keuchend und fluchend die Stube, das Haus.

Jetzt erhob sich hinter der andern Thür, die nach der Schlafkammer Goldengels führte, das laute Wehklagen und Hülferufen einer weiblichen Stimme, welche sich sofort als die Billchens erwies.

Herr von Molenaar erhob sich mit mühsamer Hast, doch Tante Göbbels riß schon die Thür auf.

Da lag Goldengel in ihrer Stube am Boden, bleich, ohnmächtig und besinnungslos, neben ihr kniete Billchen und versuchte, der Schwester Hülfe zu leisten, wobei sie indessen mehr jammerte und schrie, als wirklich Hand anlegte.

Zwölftes Capitel.

Verloren — gefunden!

Es war ein harter, böser Tag für die Bewohner des alten Hauses in der Sternengasse und ihre gute Nachbarin gewesen. Doch unaufhaltsam eilt die Zeit, Stunden um Stunden ziehen vorüber und wenn die eine dem armen Menschenherzen jähen Schmerz und Unglück gebracht, so versuchen die kommenden ihm leise wieder den Trost und die Hoffnung zuzuführen. Siegen diese auch nicht gleich über ihre grimmen Feinde, so vermögen sie doch das Weh, das jene angerichtet, immer in etwas zu lindern und so nach und nach die tiefste Wunde — wenn auch langsam, doch sicher zu heilen. —

Goldengel, in ihrer Kammer förmlich eingeschlossen, hatte hören müssen, was zu erfahren ihr wohl für immer hätte erspart bleiben sollen. Sie, die bis jetzt einen Vater, eine Familie gehabt, hatte dies Alles mit einem Schlage verloren. Elternlos, allein in der weiten Welt stand sie da. Es hatte das arme Kind zu schwer ge=

troffen und vernichtet; erstarrt war sie, als das Unerwartete an ihr Ohr gedrungen, auf ihr Lager gesunken. Endlich hatten die Bande, welche der Schreck, der Schmerz ihr um das Herz gelegt, sich gelockert und die Brust wieder Seufzer, das Auge Thränen gefunden, die ihr Unglück beweinten, wodurch ihr in etwas Linderung wurde. Doch ihr Leid sollte noch nicht zu Ende sein. Nachdem sie Vater, Familie verloren, sollte sie auch noch den Liebsten verlieren, den ihr Herz sich gewonnen. Das vermochte das arme, so hart heimgesuchte Menschenkind nicht zu ertragen und nach dem wie Fluch und Schwur klingenden harten Ausspruch des alten Herrn Göbbels, war sie von ihrem Lager besinnungslos zu Boden gesunken.

Da hatte sich die Seitenthür ihrer Kammer geöffnet — welche soeben noch fest verschlossen gewesen — und Billchen — die sich also nicht draußen, sondern im Hause, in ihrer Kammer befunden, demnach auch all das Wichtige, was da in dem Saale verhandelt worden war, gehört haben mußte — war auf die am Boden Liegende zugestürzt, schreiend und nach Hülfe rufend. Also hatten Tante Göbbels und Herr von Molenaar Goldengel gefunden.

Was ein gutes Herz an Trostesworten zu spenden vermag, wurde der Armen von Seiten der Tante. Herr von Molenaar vermochte kaum etwas zu sagen, war er doch selbst in seiner traurigen Lage des Trostes bedürftig. Billchen, die denn auch nicht viel bei der Schwester anzufangen wußte, stand daher dem Vater bei, während Tante Göbbels sich mit Angela beschäftigte und das Mädchen endlich wieder zu sich brachte. An ihrem treuen Herzen weinte die Aermste ihren tiefen Schmerz aus. Dann, als sie sich in etwas beruhigt, geleitete Tante Göbbels sie leise und unbemerkt hinaus in die frische, freie Luft, in den Garten und hinauf langsam in ihre stille Zelle, wo der Aermsten Liebesworte wurden, wie sie nur eine Mutter zu ihrem Kinde zu sprechen vermag.

Wieder waren Stunden vergangen, und wenn die Wunden, welche das Herz Goldengels zerrissen, auch noch tief schmerzten, so bluteten sie doch nicht mehr wie früher; wenn sie auch wohl nimmer ganz vernarben konnten, so war doch der Beginn ihrer Heilung gemacht. Als daher das Mädchen am Abend in ihrer Schlafkammer sich zur Ruhe, zum Gebete anschickte, empfand sie keinen der jähen Schmerzen mehr, und in frommer Ergebenheit vermochte sie zu Dem dort oben zu beten, der ihr ja immer ein guter Vater gewesen und den die Menschen ihr nimmer zu rauben vermochten.

So schlummerte sie endlich ein, ergeben in den Willen des Höchsten, hoffend und bauend auf seine Güte und Gnade, und daß er in seiner Weisheit sie wohl führen und schirmen werde.

In der Nebenkammer ruhte ihre Schwester Bill=
chen; auch sie hatte lange den Schlaf nicht finden kön=
nen, denn auch sie hatte viel erlebt und empfunden an
diesem Tage. Nicht war sie draußen gewesen, sondern
eingeschlossen, versteckt geblieben in ihrer Kammer, denn
die Unterredung, die ihr Urtheil sprechen würde, wie
die Thörichte meinte, wollte sie vernehmen. Und sie
hatte jedes Wort erlauscht, mehr und Seltsameres er=
fahren, als sie je geahnt. Goldengel, die Schöne, gegen
die sie bisher immer einen tiefen Neid empfunden, war
nicht ihre Schwester! Sie hatte aufschreien müssen bei
dieser Entdeckung, und wenn Herr Göbbels nicht so stark
auf den Tisch geschlagen, so wäre sie ganz sicher ver=
rathen gewesen. Nun durfte sie ihrem nichts weniger
als zärtlichen Gefühl für die Schwester — nein, für
Goldengel, nachgeben; es war nichts Sündhaftes dabei,
denn jene war ja nicht ihre Schwester, sondern eine
Fremde, die ihr schaden wollte! Also dachte sie und mit
nicht geringer Freude. Dazu kam nun noch die weitere
Entdeckung, den Schatz im Keller ihres Hauses be=
treffend, von dem sie keine Ahnung gehabt. Nun wur=
den ihr plötzlich manche Aeußerungen ihrer verstorbenen
Mutter klar. Diese mußte um das Geld gewußt haben,
doch ohne je im Stande gewesen zu sein, den Vater zu
anderem Denken und Handeln zu bewegen, trotz allem
Einfluß, den sie sonst über den wohl etwas allzu guten

Mann gehabt, denn ihre Lage war stets dieselbe ärmliche und gedrückte geblieben. Das sollte aber anders werden, und was die Mutter nicht zuwege gebracht, das sollte ihr gelingen, entweder auf die eine oder die andere Weise. Was aber ihr Herz mit der größten Freude erfüllte, war das wirkliche Zerreißen der projectirten Verbindung. Wie jauchzte es in ihr auf! Nun durfte sie wieder hoffen, und nicht tausend Kronen, sondern den ganzen großen Schatz — über 30,000 Gulden sollten es sein! — wollte sie zu Hülfe rufen, auf welche Weise es auch nur immer geschehen könne, um das Ziel, daß sie einmal im Auge hatte — und jetzt fester denn je — zu erreichen.

Mit solchen Gedanken und Empfindungen, den freudigsten Hoffnungen, auf das Unglück ihrer armen Schwester gebaut, schlummerte Billchen endlich ein. —.—

Der neue Bewohner des Hauses Giersberg, Afrom Meyer, hatte im Laufe desselben Tages die Reise von Deutz nach der Gasse vor den sieben Burgen mehrmals gemacht, und stets mit gefüllten Säcken und Taschen. So hatte sich denn der starke Mauerschrank im Hause Giersberg nach und nach mit einer ganz hübschen Summe Geldes, allerlei werthvollen Schmuck- und anderen Sachen gefüllt, die sprechendes Zeugniß von der Diebsgeschicklichkeit ihres nunmehrigen Herrn und Meisters ablegten. Sein Weib Gubulge hatte diesem geheimniß=

vollen und ziemlich verdächtigen Treiben erstaunt zugesehen, doch ohne Ahnung von dem, was ihr Mann eigentlich vorhatte. Sie sollte es indessen bald erfahren, denn sie sah ihn zum letzten Male, als er, die Nacht war schon angebrochen, dem tollen Bettler die Hand schwer auf die Schulter legte, und zu diesem laut und mit scharfem Blick sagte: "Komm!" Der Alte schaute wie fragend in die Augen des Juden, dann ging er hinter ihm drein und Beide verließen das Haus.

Da Afrom also in die Nacht hinein schritt und dem Rheine zu, warf er noch einen letzten Blick auf die schmale Gasse, in der das Haus lag, das er so lange bewohnt, dann murmelte er:

"Nun fahret zum Henker! Haus, Weib und Alles was damit zusammenhängt. Heute Nacht treibe ich noch einmal das alte Metier, und morgen soll keine Seele mehr den Deutzer Afrom wieder erkennen. Mein Leben will ich genießen, behaglich und in Ruhe, und ohne Furcht vor den französischen Gerichten — der entsetzlichen rothen Maschine, die so rasch arbeitet, den Lebensfaden entzwei schneidet, und der ihr Alle, die ich hinter mir lasse, verfallen seid. Gudulge kann Euch die Rochemer-Wirthschaft führen, so lange es geht. Todt mag sie sich saufen, je eher je besser, ich wehre es ihr nicht. Sollte sie aber länger leben als Methusalem, so mag sie es ohne Afrom Meyer thun, der ist für sie gestorben

— tobt! — und kehrt sich weiter den Teufel um sie, wie um Euch Alle! — er müßte Euch denn dem Henker überliefern können! —"

Das war der Abschied von seinem bisherigen Leben, seiner Heimath, seinen Freunden! —

Die Nacht war schon weit vorgerückt, die zwölfte Stunde nahe, als Afrom und der tolle Bettler in das kleine Schleichgäßchen einbogen, welches sich hinter den Gärten des Molenaar'schen Hauses und des Couvents hinzog. Afrom trug unter seinem Rocke seine Diebs=werkzeuge, sowie eine kleine Blendlaterne. Dem Alten hatte er ein Paar starke Säcke über die Schulter ge=worfen, welche hinlänglich die Rolle andeuteten, die er bei dem nächtlichen Drama spielen sollte. Auch mit dem Tollen gedachte der Jude heute Nacht fertig zu werden. Dieser eine, letzte Raub glücklich und mit seiner Hülfe vollbracht, wollte er ihn in eine ferne, einsame Gegend der Stadt führen und dann seinem Schicksale überlassen.

Leise näherten sich Beide durch den Garten dem Hause. Afrom brauchte den Alten nicht zu leiten, noch ihm durch Zeichen oder Worte Stille zu gebieten; der Bettler schien das Vorhaben vollkommen zu verstehen, denn sein Tritt war schleichend wie der einer Katze, und seine matten Augen schauten stier auf das düstre Ge=bäude, das in Nacht gehüllt vor ihm lag. Der Arme! er wußte nicht, was er im Begriff stand zu thun, wozu ihn Jener gebrauchte, und dennoch mußte er in diesem Thun etwas ahnen, das ihm angenehm sein, zum Vortheil gereichen würde. Der unbestimmte Drang, das Sehnen, die ihn bis jetzt geleitet, mußte irgend eine Befriedigung hoffen, wie dies wohl bei all den sonderbaren Handlungen, die der Tolle bis jetzt ausgeführt, der Fall gewesen.

Die Nacht war ziemlich klar und helle, und an der morschen Plankenwand vorbei waren sie in die tieferen Schatten des alten Hauses gelangt. Hier hielt Afrom inne und musterte den dunklen vor ihm aufsteigenden Giebel. Nachdem er dem Tollen zu bedeuten versucht, sich ruhig an seiner Stelle zu verhalten, was ihm auch ohne besondere Mühe gelang, denn der Alte schien mit gleichem Interesse das alte Haus zu betrachten, wie sein Herr, untersuchte er die Kellerfenster und die des Erdgeschosses, sowie die Hof- und Gartenthüre. Sämmtliche Fenster waren mit starken Eisenstäben verwahrt, und mehrere derselben auszubrechen hätte Zeit und große Anstrengung gekostet, auch ohne Geräusch nicht gut ausgeführt werden können. Ebenso fand er die Hofthüre nur zu gut verwahrt. Nun richtete er seine Blicke nach den Fenstern der ersten Etage. Hier sah es schon besser aus, sie waren einfach geschlossen und mußten leicht zu öffnen sein.

Keine Seele regte sich in dem großen Gebäude;

seine wenigen Insassen mußten fest schlafen, sorglos und ohne die geringste Ahnung des sonderbaren Besuches, der dem Hause bevorstand. Eine Weile schaute der Jude mit prüfendem Kennerblick die Fenster dieses ersten Stockwerks an, dann die nächsten Umgebungen. Da, wo das Haus an das Couvent stieß, befand sich ein kleiner halb verfallener Schoppen, dessen Dach sich unter einem der Fenster wider den Giebel lehnte. Einmal auf der Bedachung, konnte man mit leichter Mühe durch das Fenster steigen. Jetzt untersuchte Afrom den Schoppen. Was er vermuthet haben mochte, bestätigte sich; eine Leiter brachte er geräuschlos zum Vorschein und lehnte sie wider das Dach. Nun gab er dem Tollen einen Wink ihm zu folgen, und begann leise die Leiter hinan zu steigen. Der Bettler hatte ihn wohl begriffen, denn unhörbar und mit merkwürdiger Gewandtheit kletterte er ihm nach. Jetzt stand Afrom auf dem Dache. Er vermochte das Fenster zu erfassen. — Welch ein sonderbarer Zufall, es war nicht geschlossen, sondern nur leicht angelehnt, und beim ersten leisesten Druck gab es nach und ein Flügel öffnete sich.

Es war Goldengels Zimmer. Das arme Mädchen hatte wohl in der Aufregung des Tages vergessen das Fenster zu schließen, oder wohl mit Willen die kühlende Nachtluft eingelassen, und war dann des offenen Fensters nicht weiter gedenkend, eingeschlummert.

Schon wollte Afrom sich auf die Brüstung schwingen, als plötzlich vom nahen Thurme der St. Peterskirche die nächste Stunde schlug. Er hielt inne und horchte.

Oft wiederholten sich die Schläge. Es war Mitternacht und in der Ferne hörte man die Stimme und die Holzklapper des Nachtwächters, welcher die Stunde auf der Gasse ausrief.

Die Uhr hatte ausgeschlagen, doch die Stimme kam näher.

Einen sprechenden Blick noch wandte der Jude seinem Helfershelfer zu, dann schwang er sich auf die Fensterbrüstung und verschwand im nächsten Augenblicke in dem Dunkel der Kammer.

Der Bettler, welcher bis jetzt noch auf der Leiter gestanden, klettert weiter.

Nun ist er auf dem morschen Dache, es zittert, wankt schier unter seinen Füßen, doch er klammert sich an die Fensterbrüstung und schwingt sich endlich keuchend hinauf, dann verschwindet auch er in dem Innern des Hauses.

Der Alte ist in der Kammer. Er rührt sich nicht, und athemlos scheint er zu horchen.

Den Juden sieht er nicht mehr, denn dieser ist ohne sich lange zu besinnen schon in die Nebenstube getreten, und eben dabei, so geräuschlos als möglich die Thüre derselben zu öffnen, die auf den Flur führt.

Draußen hört man das Rufen und Klappern des Nachtwächters Krakopp deutlicher und stets näher.

Die beiden Bewohnerinnen der Stuben vernehmen nichts von dem, was sich da in ihrer Nähe begiebt. Die verschiedenartigen Aufregungen, die sie am Tage erduldet, haben sie in einen festen Schlaf versenkt, der nun seine strenge Herrschaft über sie übt — zum Vortheil der nächtlichen, gefährlichen Besucher.

Der Alte blickt um sich; sein Auge strengt sich an, um die Dunkelheit zu durchbringen, sich in ihr zurecht zu finden. Die Nacht ist indessen keine dunkle, und aus dem Zimmer betrachtet, erscheint der Himmel in einer ungewissen matten Klarheit und Helle.

Jetzt sieht der Bettler das Lager und auf ihm die Schlummernde, deren beide Hände wie zum Gebete gefaltet, auf der Decke ruhen, während der Kopf etwas vorgestreckt liegt, als ob ihr Athmen nach freier, frischer Luft ringe. Der Hals, eine der Schultern, sind entblößt, und um ersteren schlingt sich ein schmales dunkles Bändchen, das als eine scharfe schwarze Linie auf dem weißen Halse deutlich zu erkennen ist. Ein kleiner, doch schwerer Gegenstand scheint daran befestigt zu sein, und hängt auf dem weißen Betttuche nieder.

Leise — den Athem zurückhaltend, nähert sich der alte tolle Mann der Schlummernden. Er schaut mit weit offenen Augen stier in ihr Antlitz, als ob er ihre

Züge zu erkennen versuche. Eine eigenthümliche, nicht geringe Aufregung muß ihn überkommen, denn seine Lippen beginnen sich zuckend zu bewegen — immer hastiger. Da erscheint der Jude mit der kleinen Blendlaterne wieder auf der Schwelle des Gemaches.

Die Thüre nach dem Gange hatte er geöffnet und war schon hinausgetreten und der Treppe nahe, die nach den unteren Räumen, dem Keller führte. Da schaute er sich um und gewahrte seinen Gefährten nicht, der ihm bisher so treulich und vorsichtig gefolgt. — Er muß umkehren. Durch das erste Zimmer schleicht er, und indem sein Auge nach dem Tollen sucht, läßt er das Licht seiner Laterne vorsichtig durch den Raum streifen. Doch erblickt er nichts weiter als ein Lager, hinter dessen Gardinen leises Athemholen einer Schlafenden ertönt. Jetzt betritt er das andere Zimmer. Da sieht er den Alten vor dem Bette des schlafenden Mädchens in einer, die größte Aufregung verrathenden Stellung, und unverwandt, mit vorgeneigtem Kopfe die Schlummernde anstarrend.

Afroms Zorn lodert auf; seine Klugheit verläßt ihn in etwas, und rasch auf den Alten zutretend, faßt er ihn ziemlich rauh an der Schulter. Doch kann er dabei nicht verhindern, daß das Licht seiner Laterne zugleich auch auf Goldengel fällt.

Schon hat der Alte bei der Berührung seines Herrn

sich gewendet. Doch zeigt er keine rechte Bereitwilligkeit
diesem zu folgen, denn sofort kehrt er den Blick wieder
der Schlafenden zu. Diese wird nun von dem Lichte
der Laterne beleuchtet, wie auch der Gegenstand, der von
ihrem Halse niederhängt. Das glitzert und schimmert in
dem schwachen Scheine, wie von edlen Steinen — es
ist das halbe Kreuzchen, welches das Mädchen wenige
Tage vorher von der alten Frau nebenan empfangen.

Kaum hat der alte Bettler dieses Glitzern gesehen,
den Gegenstand, von dem es ausgeht, in etwas erkannt,
als eine furchtbare Veränderung mit ihm vorzugehen
scheint. Von dem Juden, der ihn noch immer an der
Schulter gefaßt hält, reißt er sich gewaltsam los und
stürzt auf das Lager zu. Mit beiden Händen faßt er
das verstümmelte Kleinod, und einen zweiten Blick darauf werfend, stößt er einen Herz und Mark durchdrin-
genden Schrei aus, der bald wie Jubel, doch noch mehr
wie ein Schluchzen klingt, Freude und unsägliches Weh
zu künden scheint.

Entsetzlich sind für den Alten die Folgen dieses
Thuns.

Eine furchtbare Wuth erfaßt den Juden. Sein
Unternehmen sieht er gefährdet — verloren. Bevor der
Bettler einen zweiten Schrei ausstoßen, irgend eine weitere Bewegung machen kann, fahren seine beiden Hände
nach dem Halse des Alten. Wie eiserne Griffe klam-

mern sich die Finger darum, immer fester drückend und pressend, nicht allein um ein weiteres Schreien zu verhindern, sondern den Verräther zu bestrafen — ihn zu vernichten, denn sein Zorn, seine Wuth kennen keine Grenzen mehr. — Vielleicht ist noch nichts verloren, so denkt er. Wenn der tolle Alte stumm und todt zu seinen Füßen liegt, kann er sein nächtliches verbrecherisches Thun am Ende doch noch zu Ende führen.

Doch es ist zu spät.

Goldengel ist mit dem Aufschrei des Bettlers erwacht; im Nebenzimmer verkündet ein Geräusch, daß er auch die dort Schlafende geweckt.

Draußen auf der Gasse erklingt der Ruf, die Klapper des Nachtwächters ganz nahe. Die zwölfte Stunde ruft er aus, und im nächsten Augenblicke muß er vor dem Hause sein.

Noch immer halten die eisernen Finger des wuthschäumenden Juden den Hals des armen Mannes umfaßt. Der Körper desselben zuckt noch immer, doch stets schwächer werden die Bewegungen. Noch einige Augenblicke und der Tod muß erfolgen. Der Arme wird erlöst sein von seinem gewiß harten Erdenleib — wohl im selben Augenblick, wo er wieder zu finden gewähnt — was er so lange und vergeblich gesucht! — Er wird sterben — mit teuflischer Freude fühlt dies der Jude, den der Alte durch seinen unerwarteten Aufschrei um ben reichen Fang gebracht. Noch wenige Secunden und es ist zu Ende mit dem Tollen.

Da wird im Hause neues Geräusch hörbar.

Ein Fenster in einer der Vorderstuben wird schallend aufgerissen; jetzt ertönt Billchens Stimme, welche laut auf die Gasse hinab um Hülfe, „Diebe und Mörder!" ruft.

Lautschallende Schläge wider das Hausthor beantworten sofort diese Rufe. Es ist der Nachtwächter, der just unter dem Fenster angekommen, und weiter verkündet das Auffahren verschiedener Thüren, daß Herr von Molenaar erwacht ist und seinen Kindern zu Hülfe eilt.

Jetzt muß Afrom sein Opfer loslassen und auf die eigene Sicherheit bedacht sein, denn von allen Seiten werden die Verfolger auf ihn einstürmen. Doch er glaubt sein Ziel so weit erreicht, den tollen alten Burschen bestraft — getödtet zu haben, und mit aller Kraft wirft er ihn nun von sich und zu Boden. Wie eine leblose todte Masse fällt der Körper des Alten laut schallend vor dem Bette nieder, auf dem Goldengel starr vor Entsetzen und Schrecken gebannt und in ihre Decken gehüllt kauert, keines Lautes, keiner Bewegung fähig. Dann schwingt der Jude sich zum Fenster hinaus und verschwindet. Krachende Sparren und niederstürzende Ziegel verkünden sein rasches unaufhaltsames Fliehen.

Doch das Oeffnen der Hofthüre zeigt, daß der Verfolger hinter ihm drein ist. Die Magd Bärbel, von dem Schreien Billchens, den Schlägen wider die Hausthüre erwacht, hat Krakopp eingelassen, und dieser, ein muthiger Mann, von früherer Zeit noch daran gewöhnt, ohne Furcht den Dieben zu Leibe zu gehen, hat kaum in dem Hausflur das Prasseln der Ziegel auf dem Hofe vernommen, als er, mit der Oertlichkeit wohl bekannt, auch schon die Hofthüre geöffnet und hinaus stürzte. Hier sah er die durch den Garten fliehende Gestalt des Juden, und im nächsten Augenblick war er hinter ihm drein.

Die übrigen Bewohner des Hauses aber sind in der Schlafkammer Goldengels versammelt. Billchen im Nachtkleide, der Vater, die alte Bärbel umstehen rathlos und jammernd den leblos am Boden Liegenden, und Goldengel, die neben ihm kniet, erzählt mit flüchtigen Worten, bang zusammen schauernd, was sie Entsetzliches erlebt; wie sie durch einen herzerschütternden Aufschrei erwacht, den alten Mann vor ihrem Bette gesehen habe, und wie ein Anderer, eine finstere unheimliche Gestalt, ihn gewürgt und dann durch's Fenster entflohen.

Von innigem Mitleid mit dem Armen erfüllt, der die Erwachende mit seinen mattblauen Augen so eigenthümlich, froh und doch auch wieder wehmüthig angeschaut, beschäftigt Goldengel sich noch immer und unab=

lässig mit ihm. Auf dem Boden niedergekauert, hat sie sein Haupt mit den weißen Haaren auf ihre Knie gelegt und tastet nun forschend nach dem Herzen, in dem sie noch eine Lebensregung zu spüren vermeint. Sie hat sich nicht geirrt, und ein froher Ausruf entfährt dem Mädchen, als ihre Hand nun deutlich, wenn auch immer noch schwach und langsam, den Schlag des Herzens vernimmt, und froh erregt, wie von einer schweren Last befreit, theilt sie ihre Wahrnehmung den Uebrigen mit.

Die alte Bärbel hat Licht gebracht, und hell ist die Gruppe, das wachsbleiche Antlitz des Alten beleuchtet. Doch mit den verschiedenartigsten Gefühlen schauen die Anwesenden auf dasselbe, mit größter Spannung aber Goldengel, um die ersten Spuren des wiederkehrenden Lebens zu erspähen. Ueber ihn gebeugt, seinem Angesicht nahe, blickt sie unverwandt in dasselbe. Von ihrem Halse hängt das halbe Kreuz — welches die ganze, so furchtbare Katastrophe herbeigeführt — nieder, und unbekümmert ist das Mädchen ob den neugierigen und forschenden Blicken, welche die Magd und Billchen auf das unbekannte seltene Kleinod werfen.

Jetzt bewegen sich die Lippen des alten Mannes — das Leben ist dem erstarrten Körper zurückgekehrt — die Augenlider heben sich langsam, und ein zweiter Blick der mattblauen Augen, so froh und so wehmüthig, trifft Goldengel bis tief — tief in ihr Herz hinein.

„Er lebt! — Der Herr sei gelobt, er lebt!" ruft sie.

Doch nun kann sie sich nicht mehr halten. Eine Empfindung so froh und doch auch wieder so bang überkommt sie, mächtig, überwältigend. Alles was sie am heutigen Tage verloren, tritt lebhaft vor ihre Seele, die schmerzdurchwühlt, blutend zusammenzuckt, und wieder ist es ihr, als ob sie das Alles reiner wieder gefunden. Ihr Herz, ihr ganzer Körper erzittert unter der Macht dieses seltsamen, wehen und doch so frohen Gefühls, und während die bebenden Lippen des neu zum Leben Erwachten unverständliche Worte murmeln, seine Hände wieder hastig, zuckend nach dem halben Kreuzchen greifen, das vor seinen Augen schwebt, bricht Goldengel laut weinend und schluchzend über den Körper des alten Bettlers zusammen.

Dreizehntes Kapitel.
An verschiedenen Orten.

Die verschiedenartigsten Eindrücke hatte der im vorigen Kapitel erzählte Vorfall in dem alten Hause der Sternengasse auf die Betheiligten gemacht, wie auch die allersonderbarsten Folgen gehabt.

Nachtwächter Krakopp war sehr bald von seiner Jagd wieder zurückgekehrt, ebenso enttäuscht als erschrocken oder vielmehr verblüfft, denn die lange Gestalt des Flie=henden, die er deutlich vor sich gesehen, die er in dem Schleichgäßchen fast erreicht, mit seinen Händen erfaßt, war urplötzlich — so gestand er mit wahrhaft verblüffter Miene — vor seinen Augen in die Erde gesunken und verschwunden. Dieser seltsame Bericht fand sofort Glau=ben bei Krakopps erster Zuhörerin, bei Bärbel der Magd. Diese, eine alte Person, mit Gespenster= und Spukge=schichten gesäugt und großgezogen, hatte sich bald sämmt=

liche Vorfälle in ihrer Weise zusammengereimt. Da war der Gottseibeiuns selbst gekommen, um den in den Kellern des Hauses vergrabenen und vielleicht verfluchten Schatz — wohl mußte sie davon, wie alle Nachbarn, doch noch viel mehr und Genaueres glaubte sie zu wissen — zu holen. Den alten Mann hatte er hindernd auf seinem Wege getroffen und ihn in seiner teuflischen Bosheit durch's Fenster in's Haus geschleppt und dort mit seinen Krallen zu würgen versucht. So war es, so mußte es sein! Also nahm es auch am folgenden Tage die ganze Nachbarschaft auf, der Bärbel das Vorgefallene ganz im Geheimen vertraute. Von einem Haus zum andern zog die seltsame Mähr und zu Mittag hatte sie schon den Pitterspfuhl und die ehrsame Mafrau Ophoven erreicht, die denn auch sofort das Bedürfniß fühlte, mit Jungfer Billchen, ihrer Freundin und Tochter ihrer verstorbenen Freundin, darüber zu conferiren.

Dies von der alten Magd ausgestreute spukhafte Gerücht wurde noch bedeutend bestärkt durch das verlegene Benehmen des Nachtwächters, dessen ausweichende, zweifelhafte Reden und Antworten. Derselbe, als beherzter Mann bekannt, mußte wirklich ganz Außergewöhnliches erlebt haben und dies bestärkte denn auch die so gerne an Uebernatürliches Glaubenden in ihrer Meinung. So wurde denn bald die ungeheuerliche Spukerei in dem alten Hause der Sternengasse, in dem der große Schatz

14*

verborgen liege, für die ganze Pfarre zu einer unumstößlichen Thatsache.

Welche sonderbare Folgen dies haben sollte, werden wir bald des Näheren sehen.

Daß die drei Glieder der Familie Molenaar über den Schatz selbst ganz anderer Meinung waren und auch sein durften, wissen wir, doch konnten sie sich den seltsamen Vorfall noch immer nicht erklären, denn keiner von ihnen hatte eine Ahnung von der eigentlichen Absicht der nächtlichen Eindringlinge. Der Alte, der dabei fast sein Leben verloren, hatte etwas so Ehrwürdiges in seinem Antlitz, schien durch seine geschwundenen oder gefesselten Geisteskräfte so ganz außer Stande zu sein, selbstständig, weder gut noch verbrecherisch, zu handeln, daß man ihm unmöglich eine diebische Absicht hätte zutrauen können. Dabei erweckten seine Erscheinung, seine Gebrechen, die Unfähigkeit zu denken und zu reden, unwillkürlich das innigste Mitleid, welches dann auch den leisesten Argwohn vollständig verscheuchte. So war es denn gekommen, daß die Familie Molenaar so ziemlich einerlei Meinung über den alten Mann war und es als sich ganz von selbst verstehend betrachtete, daß er im Hause blieb.

Eine Kammer wurde dem Alten angewiesen, zurechtgemacht, einige abgelegte Kleidungsstücke des Vaters erhielt er, um sie gegen seine Lumpen zu vertauschen und das alte Haus hatte durch den Vorfall einen Bewohner mehr erhalten, der so recht zu der Unheimlichkeit des Ortes paßte.

Besonders nahm Goldengel sich des Armen an. Ein eigenthümliches Gefühl, das wohl mehr als tiefes Mitleid war, empfand sie für den Unglücklichen. Ihre eigene Lage führte er ihr vor die Seele. Hülflos, arm und nackt war sie als Kind in dies Haus zu Fremden gebracht und von diesen liebevoll aufgenommen, gehegt und gepflegt worden. An dem alten armen Manne, den sie ebenso hülflos, dem Tode nah, mit Lumpen bedeckt, in ihrer Kammer gefunden, wollte sie vergelten, was man Gutes ihr gethan. Dies war es wohl, was sie mit so eigenthümlicher Gewalt zu ihm hinzog, um ihm beizustehen und zu helfen. Und wie wurden solche liebevollen Bemühungen von dem armen Alten erwidert?! — Sein bleiches Gesicht schien vor Freude verklärt, wenn er das Mädchen um sich erblickte, wenn sie seine rauhen Laute und Töne, die er sichtlich froh erregt ausstieß, zu verstehen, als Ausdruck seiner Herzensfreude hinzunehmen schien. Wie ein kleines Kind folgte er ihr, nur auf sie schauend, ihrer achtend und in seiner Unbeholfenheit versuchend, ihre Winke und Worte zu begreifen und zu befolgen.

Kein Tag war nach dem nächtlichen Vorfall vergangen und der Alte war, als ob er immer zur Familie, in das alte Haus gehört habe.

Herr von Molenaar, mit schweren trüben Gedanken belastet, ließ Goldengel gewähren. War er doch im Herzen froh, als er sah, wie angelegentlich sie sich mit dem Alten beschäftigte und darin einen Vorwand zu finden schien, eine Erklärung zwischen ihr und dem Manne, den sie bis jetzt Vater genannt, zu verhindern, oder wenigstens hinauszuschieben. Herr Hilger ahnte, daß das Mädchen Alles gehört, doch war ihm keine Gewißheit darüber geworden, er wollte keine haben. Goldengel hatte zwar seit der Stunde, da die Wucht des Schmerzes sie zu Boden geworfen, eine gewisse schüchterne Zurückhaltung gezeigt, doch das oftmalige Hinblicken ihrer thränenumflorten Augen zu dem Vater zeigte nur zu deutlich, daß der Augenblick, vor dem Herr Hilger und das Mädchen bangte, kommen würde.

So verging der erste Tag; endlich am Abend, wo der Zufall Beide allein zusammengeführt, als ihre schmerzlichen Blicke sich trafen, da trieb ein gleiches Gefühl sie einander in die Arme. Am Herzen des Vaters weinte das Mädchen ihren Schmerz aus. Dankesworte, tief aus dem Herzen quellend, stammelte ihr Mund unter Thränen, die Herrn Hilger sagten, daß sie wisse, was er für sie — die Elternlose gethan, daß ihr Leben ihm gehöre und sie täglich zu Gott flehen werde, damit er ihr Gelegenheit gebe, und sei es durch das größte Opfer, seine ihr dargebrachte treue väterliche Liebe zu vergelten.

Herr Hilger weinte wie ein Kind, da er das Mädchen also in seinen Armen hielt. Auch sein Mund fand Worte, die tief aus seinem Herzen kamen und von seiner unwandelbaren Liebe zu ihr sprachen, wie er immer ihr guter lieber Vater bleiben werde und auch ferner hoffe, bis an das Ende seiner Tage an ihr eine treue liebe Tochter zu haben.

Ihres Verhältnisses zu Heinrich wurde in dieser Stunde nicht erwähnt, obgleich Beiden das Herz davon voll war. Doch Goldengels Blicke sprachen aus, was der Mund nicht zu sagen wagte: Hoffnung kündeten sie nicht, wohl aber Ergebung und Entsagen. Das Mädchen mußte ja, wie Herr Hilger dachte, und dies Denken zu ehren, war sie mit festem Willen bereit.

Als die Arme sich lösten, die Blicke sich wandten, stand an der Thüre der Familienstube der alte Bettler. Auch seinen Augen entquollen einzelne schwere Thränentropfen und schüchtern hielt er die Hand ausgestreckt, als ob er betteln wollte um ein klein wenig Liebe von den beiden Herzen, die so überreich daran waren. Es war ein so sprechendes Blicken, daß Beide sich tief davon ergriffen fühlten.

Goldengel ging auf den Alten zu und reichte ihm die Hand, die dieser faßte und lange fast krampfhaft drückte. Er blickte sie dabei starr an, doch seine Augen gewannen Leben. Man sah, wie er rang, sich anstrengte, um zu begreifen, zu erkennen, was er schaute. Es wurde dem Mädchen ganz sonderbar bei diesem Thun. Auch Herr von Molenaar trat näher. Endlich, nach einer ziemlichen Weile, ließ der Alte die Hand Goldengels fahren und ohne das Auge von ihr abzuwenden, deutete er auf das schmale Bändchen, welches an ihrem Halse sichtbar war und das auf ihrer Brust verborgene halbe Kreuzchen hielt. Er schien sie aufzufordern, es ihm zu zeigen — seine Finger berührten das Band, den Hals des Mädchens. Lebhafte Röthe bedeckte Goldengels Antlitz und obgleich sie das sonderbare Verlangen des alten Mannes zu verstehen schien, zögerte sie doch verlegen, dasselbe zu erfüllen. Doch der Alte ließ nicht nach; hastiger zuckten seine Lippen, erregter, fast drohender wurde sein Blick und sein Mund begann allerlei Laute und Töne auszustoßen, die immer rascher aufeinanderfolgten, yngeduldiger, ja fast zornig klangen.

Erstaunt hatte Herr von Molenaar dieses Gebahren des fremden Mannes mit angesehen, wobei er ihm in das so gewaltig arbeitende Antlitz schauen mußte. Sonderbar! — je mehr sich das wachsbleiche Gesicht belebte, je glänzender die mattblauen Augen wurden, die endlich sogar aufleuchteten — je eigenthümlicher berührten ihn die Züge. — Waren sie ihm bekannt? — Hatte er sie schon früher gesehen? — Also fragte er sich sinnend. — Doch nein, es war, es mußte Täuschung sein, wohl her=

vorgerufen durch die Farbe der Augen des Alten, die blau waren wie die Goldengels. So war es. — Er lächelte über sich selbst und ruhiger, mit früherer mitleidiger Theilnahme blickte er wieder zu ihm hin.

Während solche Gedanken im Haupte Hilgers aufgestiegen und vorübergegangen, hatte der Alte nicht nachgelassen in seinem sonderbaren Thun. Doch die Scheu, die Goldengel empfunden, das Kleinod zu zeigen, wurde immer größer und ging endlich in peinliche Unbehaglichkeit über. Sie wandte sich ab und zum Gehen.

Da ließ der alte Mann traurig den Kopf, die Hände sinken und wieder lagerte die frühere Stumpfheit auf seinem Gesichte, seiner ganzen Gestalt. Maschinenmäßig folgte er den beiden Personen, die nun die Familienstube verließen, um anderen Beschäftigungen nachzugehen. Draußen auf dem Gange kauerte der Alte sich leise auf die Stufen der aufwärts führenden Treppe nieder und ohne Bewegung, theilnahmlos, wie in einem halben Schlafe versunken, blieb er dasitzen, kaum den Kopf ein wenig hebend, wenn Goldengel auf dem Gange erschien, um stille aus einer Kammer in die andere zu gehen.

Hätte man den anscheinend wie leblos im Dunkel der Treppe kauernden Alten genauer betrachtet, so würde man gesehen haben, wie seine Finger nun einen Ring hielten mit blitzenden Steinen — denselben, welchen er

auf so eigenthümliche, gewandte Weise dem Juden ge=
nommen — und wie seine Augen das Kleinod anstarrten,
wie sein krankes Hirn zu arbeiten schien, um es recht
zu beschauen, zu erkennen. Dann war es noch ein zweiter
Gegenstand, den er unter seinen Kleidern hervorlangte
und ebenso sinnend, doch mit wehmüthigen Blicken be=
trachtete. Es war ein kleiner gestickter Kinderschuh, ver=
blichen und zerdrückt. Lange weilte sein Blick auf diesem
unscheinbaren Object, bis seinen Augen endlich einzelne
Thränen entquollen, die langsam auf dasselbe nieder=
träufelten. Endlich, als es stille im Hause geworden,
die Dunkelheit sich langsam in den Treppenraum ver=
breitet, Goldengel nicht mehr kam und demnach kein
Aufschauen des Alten mehr veranlaßte, da schlossen sich
langsam die armen müden Augen und den kleinen Schuh
mit seinen Fingern wie mit eisernen Fängen umspannt
haltend, fiel er in einen Schlummer der wohl lange an=
dauern mochte. War der Arme doch gewohnt auf der
Erde, oder auf irgend einer kalten Treppenstufe zu
schlafen! —

Mit Billchen war seit dem vergangenen Tage eine
vollständige Veränderung vorgegangen. Mit eigenthüm=
lichen, fast abenteuerlichen Gedanken, die sich um den
endlich entdeckten Schatz drehten, war sie am Abend
eingeschlummert, doch kälter wurde sie am folgenden
Tage. Ruhiger, vernünftiger dachte das schlaue Mäd=

chen über ihre Lage nach, und sie konnte dies auch um
so ungestörter, als der Vater und Golbengel zu viel mit
sich selbst und dem tollen Alten, der ihnen da so uner=
wartet in's Haus geflogen, zu thun hatten, um viel
auf Anderes zu achten. So kam denn Jungfer Billchen
noch am selben Tage mit ihren Gedanken zu folgen=
dem Resultat:

Daß Herr Göbbels sein Wort, welches er fast mit
einem Fluche bekräftigt, halten, unter obwaltenden Um=
ständen seine Einwilligung zu einer Verbindung Heinrichs
mit Golbengel nicht geben werde, dessen war sie gewiß,
ebenso gewiß als daß ihr eigener Vater keines Fingers
Breite abweiche von dem, was er nach seiner, wohl all=
zubeschränkten Ansicht, als Recht anerkannt. Hierfür
hatte sie die besten Belege durch manche frühere Vor=
fälle zwischen ihrer verstorbenen Mutter und dem Vater,
die ihr bis jetzt räthselhaft gewesen. Die Mutter mußte
von dem Gelde gewußt haben und furchtbare Plagen
hatte der Vater deshalb ausstehen müssen. Doch nie
hatte er, der sonst so gut, so schwach gewesen, in diesem
Punkte nachgegeben. Das Geld aber konnte ihr, Bill=
chen, nicht entgehen; was brauchte sie sich darum zu be=
mühen?! Sie war das einzige rechtmäßige Kind ihres
Vaters; Zeugen gab es genug, um zu erhärten, daß
Golbengel keinen Antheil an der Hinterlassenschaft ihres
Vaters hatte und diese mußte demnach ihr, als einzige

Erbin, ungeschmälert zufallen. Die seit sechszehn Jahren verschollenen wirklichen Eigenthümer des Geldes schienen ihr kein Hinderniß, nicht einmal beachtenswerth. Sie waren eben todt und kamen nicht wieder. Ihre Hauptaufgabe war einzig und allein sich die Gunst Heinrichs zu erringen und um zu diesem Ziele zu gelangen, mußte sie ihrer angeblichen Schwester, der alten Frau nebenan Freundschaft, die innigste Ergebenheit und Theilnahme zeigen, heucheln, um dadurch nicht allein etwaigen Verdacht von sich abzuwenden, sondern auch sich langsam in das Herz des jungen Mannes, das jetzt gewiß allem Trost zugänglich sein mußte, einzuschleichen. Hier einmal Herrin — und dies zu werden sollte ihr schon gelingen — wollte sie denn auch den alten Herrn Göbbels schon herumkriegen.

Also dachte sie und darnach beschloß sie zu handeln.

Mit scheinbar herzlicher Theilnahme war daher Billchen im Laufe des Tages Goldengel genaht und hatte Worte voll schwesterlicher Liebe zu ihr gesprochen wie selten im Leben. Goldengel, nichts Arges ahnend, auch nicht im Entferntesten daran denkend, daß Billchen wisse, welch trauriges Bewandtniß es mit ihr habe, hatte sich mit innigem Dank der Trösterin zugewendet und ihr einen Blick in ihr armes blutendes Herz gestattet. Doch hielt bange Scheu sie ab, ihren Schmerz in seinem ganzen Umfange, seiner ganzen Bedeutung der wohl unerwarteten, doch willkommenen Trösterin zu vertrauen. Sie konnte und durfte dies auch nicht thun, und so erschien nur die Gefahr, welche ihrer jungen Liebe drohte, als die eigentliche Ursache ihres tiefen Weh's.

Billchen ging klug hierauf ein, sie verlangte ja kein größeres Vertrauen, dessen sie im Grunde auch nicht bedurfte. Mit Heinrich war das arme Mädchen seit der so unglücklich ausgefallenen Werbung seines Vaters nicht wieder zusammengekommen. Sie wagte nicht sich ihm zu nähern, nicht einmal zu der Tante Göbbels hinüber zu gehen, wo Heinrich sie gewiß zu allen Stunden des Tages erwartete, aus Furcht vor sich selbst, denn sie fühlte sich nicht stark genug in Gegenwart des Geliebten gegen ihr Gefühl anzukämpfen, wie zu thun sie sich gelobt, ihrem Vater zu Liebe. Ihr Herz blutete, als sie dies der Schwester andeutete, ohne ihr jedoch den eigentlichen Grund ihrer Handlungsweise anzugeben. Billchen hätte laut aufjauchzen mögen und doch mußte sie sich bezwingen, von Hoffnung reden und wie Alles noch wieder gut werden könne. Wie wohl thaten dem armen Mädchen solche Worte und wie herzlich dankte sie der Schwester, als diese sich endlich zögernd erbot, zur Tante hinüber zu gehen und ihr, so wie Heinrich in gleicher Weise Trost zuzusprechen, was Goldengel zur Stunde nicht zu thun im Stande sei.

Der junge Göbbels war wirklich fast den ganzen

Tag bei der Tante gewesen, voll banger Sehnsucht seines Mädchens harrend, das sich noch immer nicht zeigen wollte. Die alte Frau hatte ihn zu trösten versucht, doch sein Schmerz war zu gewaltig, als daß Worte ihn zu verscheuchen im Stande gewesen. Nur Goldengels Nähe, ihr Trost hätte dies, wenn auch vielleicht nur für Augenblicke vermocht. So saß er denn da in der kleinen Stube der Tante, still und in sich versunken, Ihrer harrend, Stunde um Stunde, während die Alte allerlei Pläne in ihrem Kopfe herumwarf, wie und womit sie ihrem hartköpfigen Bruder entgegentreten könne, denn den Kampf für ihre beiden lieben Kinder wollte sie nicht aufgeben und wenn sie ihr Leben dabei lassen sollte!

Recht ärgerlich war die Tante als der Nachmittag genaht, Heinrich zum zweitenmale gekommen und abermals stille und allein in fast verzweifelndem Schmerze dasaß, ohne daß Goldengel sich zeigen wollte. Da erschien Billchen statt ihrer um ihren Auftrag auszurichten, dem armen unglücklichen Manne gegenüber in ihrem Sinne zu handeln. Doch weit kam das schlaue Mädchen nicht, denn mit ungewohnter Härte unterbrach die Alte ihren süß=larmoyanten Bericht, meinend daß Goldengel noch keinerlei Ursache habe zu verzweifeln und auch durchaus keine Vermittlerin brauche, um mit ihrem Liebsten zu verkehren. Wenn auch zeitweilig angegriffen, so würde sie doch bald wieder Kraft finden, um muthig für ihre

Liebe kämpfen zu können, deshalb solle Billchen dies Alles nur getrost der Schwester überlassen.

Das Mädchen war nicht wenig betroffen über diesen verfehlten Erfolg ihres ersten Schrittes, doch wurde sie sofort wieder getröstet und recht angenehm überrascht, als Heinrich ihre Hände faßte und ihr seinen innigen Dank für die also bewiesene Theilnahme aussprach. Zufrieden konnte sie wieder heimkehren und der Schwester die Begegnung mit dem jungen Manne in einer Weise erzählen, wie solche für ihre Pläne taugte. Sie habe ihn, so erzählte sie der Horchenden, gefaßt und resignirt gefunden, recht niedergedrückt vor Furcht vor dem Vater und seinem eisernen Willen und kaum hätten ihre Worte einige Hoffnung in ihm zu erwecken vermocht.

Goldengel seufzte tief auf bei solcher Mittheilung. Schon sah sie die letzten Umrisse des Bildes irdischer Glückseligkeit, das ihre Liebe ihr vorgeführt, verschwinden, doch durch die Nebel, in die es sich aufzulösen schien, schaute das Antlitz ihres Vaters sie wieder zufrieden lächelnd an, und das war ihr Beruhigung und Trost.

Armes Kind! Wie wirst Du mit Deinem allzuweichen Herzen härtern Lebensstürmen entgegentreten, sie überbauern können?! —

Nicht wie Goldengel dachte Tante Göbbels. Die gute Alte fühlte sich von einer ganz ungewöhnlichen Thatkraft beseelt und stark genug für alle ihre Lieben, deren Zagen und Bangen sie begriff, zu handeln. Sie entließ ihren Neffen mit der Weisung, morgen, gegen Abend und zu einer bestimmten Stunde wieder bei ihr zu sein, doch auch mit der ebenfalls bestimmten Zusicherung, daß er alsdann Goldengel sehen werde. Vorher wolle sie noch einmal und ernstlich mit ihrem Bruder reden. Heinrich schöpfte aus den Worten der Tante neuen Muth und ging in etwas getröstet von dannen.

Nachdem die Tante am andern Tage Goldengel aufgesucht und bei dieser Gelegenheit auch die Bekanntschaft des neuen sonderbaren Bewohners des Hauses gemacht, sich den Hergang des befremdlichen Vorfalls hatte erzählen lassen, theilte sie dem Mädchen mit, daß sie auf dem Wege sei, um nochmals mit dem Vater Heinrichs zu reden und beschied sie dann in ihre stille Zelle, um den Erfolg dieses Schrittes zu vernehmen. In dem elterlichen Hause auf der St. Johannisstraße trat sie alsdann ihrem Bruder — der sich anfänglich vor der Schwester verläugnen lassen wollte — so ernst und entschieden entgegen, ließ nicht ab mit ihren eindringlichen Reden, die oftmals scharf wie Schwertstreiche trafen, also daß es dem harten Manne förmlich heiß wurde. Er hatte geglaubt, durch Barschheit die Schwester einschüchtern zu können, doch sich darin sehr geirrt. Die Alte hatte sich vorgesehen und begegnete ihm wo möglich noch barscher und resoluter. Endlich suchte er der Stube, seiner Drängerin zu entfliehen, doch diese ließ ihn nicht fort und nicht ab von ihm. Ihre außergewöhnlich redefertige Zunge drang immer gewaltsamer auf ihn ein, bis er endlich gar nichts mehr zu entgegnen vermochte und ruhig Alles über sich ergehen ließ. Als Tante Göbbels ihn endlich förmlich mürbe gesprochen, begann sie mit Vernunftgründen, die sie sich wohlweislich bis zuletzt aufgespart, ihren Kampf zu unterstützen und kein Wunder war es, daß sie schließlich als anscheinende Siegerin das Schlacht- und Redefeld behauptete.

„Denke doch nur ruhig über die ganze Sache nach, Gottfried," hatte sie zu dem Bruder gesagt, da dieser in stummem Trotze, doch tief und ingrimmig athmend und schnaufend in einem Sessel lag. „Was kann Dir denn daran liegen, ob der Heinrich die Kronen jetzt oder später bekommt? Sei doch nur um Gotteswillen vernünftig! Der arme Herr von Molenaar kann doch nicht ewig leben — wir müssen ja Alle einmal sterben! Dann fällt das Geld ja von selbst den Kindern zu, denn sein Vetter Hüls kommt nicht mehr wieder, der ist längst todt sammt dem armen Kinde. Anno 84 hat das große Wasser manch armes Menschenkind dem Meere zugeführt, von dem man nie mehr etwas erfahren; es wird auch mit dem Werner also gewesen sein. Fest zugesagt hat Dir ja Herr von Molenaar, daß Goldengel gleiches Recht an seiner Hinterlassenschaft haben soll wie

Billchen. Was willst Du mehr? Das Geld ist sein; Niemand kann es ihm absprechen und also muß es an die beiden Kinder fallen. Deshalb sei vernünftig und in Deinem eigenen Interesse, gebe nach. Der Heinrich bekommt keine so hübsche, brave und liebe Frau mehr, die noch dazu einstens so reich sein wird und wenn er auch ganz Köln, vom „Bayen bis zum Thönchen" durchsuchte!"

Herr Göbbels sagte auf diese Rede nichts, selbst dann noch kein Sterbenswörtchen, als die Schwester ihren Sieg verfolgend, das Thema immer weiter ausspann. Schweigend, doch bei weitem ruhiger athmend, lag er in seinem Sessel und schien in tiefes Sinnen verloren, nicht mehr auf die Reden der Andern zu hören. Endlich aber sprang er auf und in seiner gewöhnlichen derben Weise, wie mit urkräftigem Tone sprach er, seine Worte durch eine sehr bezeichnende Geberde unterstützend:

„Nun halt's Maul, Margennchen! ich will's überlegen. Noch mehr — ich will Schritte thun, um mich zu überzeugen, ob es sich wirklich so verhält, wie Du mir da vorgeschwatzt. Es ist mir da Allerlei durch den Kopf gefahren und darnach will ich handeln. Und ist die Sache in Richtigkeit, dann — dann will ich meinetwegen mit dem Gelde warten bis der alte — Schwachkopf das Zeitliche gesegnet. Bleibt mir aber der geringste

Zweifel an dem Tode der beiden Hüls — das merke Dir, und ich werde es erfahren! — so ist es aus. Jetzt und in alle Ewigkeit wird nichts aus der Heirath, noch einmal: so wahr mir Gott helfe! — Punktum!"

Hiermit mußte die wackere Tante Göbbels sich zufrieden geben, was sie denn auch that und ziemlich beruhigt das Haus verließ. In ihrer stillen Zelle in der Sternengasse ruhte sie aus von dem ungewohnten heißen Tagewerk und als am Abend ihre beiden Kinder, wie sie Goldengel und Heinrich so gern nannte, sich endlich bei ihr eingefunden, empfing sie dieselben mit Freudenthränen in den alten guten Augen. Worte der Hoffnung durfte sie zu ihren Lieben sprechen, die dadurch wirklich glücklich gemacht wurden. In der dadurch wieder wachgerufenen Seligkeit der beiden reinen Herzen wurde der braven Alten der schönste Lohn für ihr wackeres Thun.

Drei Glückliche weilten wieder in der kleinen Zelle. Alles Traurige was sie betroffen schien vergessen und das so rasch entschwundene Glück auf's Neue bei ihnen eingekehrt zu sein — so glaubten sie!

Der Liebende hofft und glaubt ja so gerne und sein Herz, das so eben noch „zu Tode betrübt," will im nächsten Augenblicke „himmelhoch jauchzen" vor Freude wenn ein Wort, ein Blick — ein Zufall es hoffend be=

rührt und auf's Neue dem Glücke geöffnet. Hier hatte ein kräftiger Wille, eine Liebe, heilig und rein wie die einer Mutter, das Zauberwort gesprochen. Möge sie ein dauerndes Wunder gewirkt haben! —

Noch an einen andern Ort muß ich den Leser führen.

Nach seinem vereitelten Streben, Herr des ersehnten Geldes zu werden, und mit knapper Noth den Griffen des ehemaligen Gewaltgerichtsdieners Krakopp dadurch entgangen, daß er mit der Behendigkeit eines Aals zwischen ein paar alten Gartenplanken durchgeschlüpft, war Afrom ebenso enttäuscht als ermattet in seiner neuen Wohnung im Hause Giersberg angelangt. Schlaflos quälte er sich auf seinem Lager ab, um einen Weg zu finden, der ihn zu den ersehnten, mit Kronenthalern gespickten Säcken des Herrn von Molenaar zu leiten im Stande sei. Ein frischer lecker Einbruch, wie er deren schon so viele mit Hülfe seiner fingerfertigen Kameraden ausgeführt, würde ihn am leichtesten zu diesem Ziele geführt haben. Er konnte sich ja ein paar gewandte Freunde dazu werben, mit denen er dann auch den Raub zu theilen haben würde. Letzteres behagte ihm indessen durchaus nicht. Auch fürchtete der ziemlich kühl gewordene Jude gar gewaltig die neue französische Gerichtsmethode, die seit einiger Zeit auf dem linken Rheinufer im Gange war und als Endresultat jedem ertappten Diebe die garstige rothe Revolutions=Maschine in sicherste Aussicht stellte, die den Verurtheilten gar so rasch in die andere Welt beförderte. Hatte er sich doch selbst zu seinem größten Schrecken und Entsetzen von dem prompten Verfahren des neuen Criminal=Gerichts und der Wirkung besagter Maschine noch vor wenigen Wochen zur Genüge überzeugen können. Da waren im Mai ein paar kecke Bursche bei einem ganz gewöhnlichen Einbruch ertappt, verurtheilt und gleich darauf, kurz vor Pfingsten, auf dem Domhof durch die furchtbare Erfindung des Arztes Guillotin vom Leben zum Tode gebracht worden. Es war schrecklich, wegen eines ganz miserablen Diebstahls! Und das konnte jedem ehrlichen Gauner passiren, der da das Unglück hatte, auf frischer That ertappt zu werden. Also dachte Afrom und deshalb verwarf er schaubernd den Gedanken eines gewaltsamen Einbruchs.

Die etwaige Theilung des Raubes mit Kameraden aber brachte ihn auf andere naheliegende Gedanken. Ja, es gab noch ein weiteres Mittel, um zum wenigsten in den Besitz der Hälfte des Geldes zu gelangen, ein ganz einfaches Mittel und leicht in's Werk zu setzen. Schon einmal hatte er diesen Gedanken, doch in anderem Sinne ausgesprochen. Das Geld gehörte unstreitig dem Kinde, der Tochter jener Frau, die vor etwa sechszehn Jahren in dem Hause, wo der Jude jetzt weilte, gestorben war.

Es konnte nicht anders sein! Das Kind, jetzt ein schönes heirathsfähiges Mädchen, brauchte nur wieder in seine Rechte eingesetzt zu werden, und dies fertig zu bringen, durfte so schwer nicht sein. Doch zuvor mußte sie Jemanden angehören, der gewillt sei, diese herrliche Mitgift mit dem, der ihm dazu verholfen, zu theilen. Einen solchen heiraths= fähigen Mann mußte er finden, zu gewinnen suchen, natürlich vorerst sich mit ihm einigen.

„Alle Teufel!" fuhr der Jude plötzlich laut auf, als er mit seinen Gedanken so weit gekommen war. „Die Kleine hat ja eine doppelte Mitgift, das Geld und den großen Giersberger Hof! Das ändert die Sache noch mehr zu meinen Gunsten. Und was brauche ich da lange zu suchen? Habe ich doch einen solchen Mann gleich zur Hand! Wenn er auch einige Jahre mehr zählt als das Mädchen, so ist er doch noch immer eine stattliche, selbst interessante Persönlichkeit, die ein junges Mädchen= herz kirre zu machen im Stande sein muß. Und weiter — geht sie nicht gutwillig darauf ein, so wird es auch noch Mittel und Wege geben, die Spröde zu zwingen. Der Mann ist freilich kein Anderer als der, welcher vor sechszehn Jahren die Mutter —. Doch Bah! was liegt daran? Er bekommt das Mädchen und den Hof und ich erhalte mein Geld. Dabei bleibt's!"

Mit diesen laut und froh ausgestoßenen Worten schloß Afrom seine Gedankenkette und mit dem festen

Willen, daß es also geschehen müsse, sank der freche, herz=
lose Sünder endlich in einen tiefen Schlaf.

Das Urtheil war gesprochen, unwiderruflich! —
Sehen wir nun zu, ob und wie es zur Vollziehung ge=
langte. —

Ende des zweiten Bandes.

Inhalt des zweiten Bandes.

		Seite
5. Capitel.	Zwei Gauner — der kölnischen Kirmes Ende	1
6. Capitel.	In einer Deutzer Diebsherberge	28
7. Capitel.	Der Raub auf dem Langenfelde	51
8. Capitel.	Das Blatt im Buche — eine altkölnische Idylle	82
9. Capitel.	Everard Giersberg	106
10. Capitel.	Der Schatz in der Sternengasse	132
11. Capitel.	Eine Werbung	155
12. Capitel.	Verloren — gefunden!	192
13. Capitel.	An verschiedenen Orten	210

www.ingramcontent.com/pod-product-compliance
Lightning Source LLC
Chambersburg PA
CBHW021812230426
43669CB00008B/722